U0527693

老后无忧

退休规划与心理健康指南

［美］弗里茨·吉尔伯特（Fritz Gilbert）◎著
武晓力◎译

KEYS TO
A SUCCESSFUL
RETIREMENT

Staying Happy, Active, and Productive
in Your Retired Years

中信出版集团 | 北京

图书在版编目（CIP）数据

老后无忧 /（美）弗里茨·吉尔伯特著；武晓力译. -- 北京：中信出版社, 2023.10

书名原文：Keys to a Successful Retirement: Staying Happy, Active, and Productive in Your Retired Years

ISBN 978-7-5217-5914-3

Ⅰ.①老… Ⅱ.①弗…②武… Ⅲ.①退休－生活管理 Ⅳ.①C913.6

中国国家版本馆CIP数据核字（2023）第164264号

KEYS TO A SUCCESSFUL RETIREMENT by Fritz Gilbert.
Text © 2020 Callisto Media, Inc. All rights reserved.
First published in English by Rockridge Press, a Callisto Media, Inc. imprint. This edition arranged with Callisto Media, Inc. through Big Apple Agency, Inc., Labuan, Malaysia.
Simplified Chinese edition copyright © 2023 CITIC Press Corporation.
All rights reserved.
本书仅限中国大陆地区销售发行

老后无忧

著者：[美]弗里茨·吉尔伯特
译者：武晓力
出版发行：中信出版集团股份有限公司
（北京市朝阳区东三环北路27号嘉铭中心 邮编 100020）
承印者：北京通州皇家印刷厂

开本：787mm×1092mm 1/16　印张：8　字数：74千字
版次：2023年10月第1版　印次：2023年10月第1次印刷
京权图字：01-2023-4525　书号：ISBN 978-7-5217-5914-3
定价：55.00元

版权所有·侵权必究
如有印刷、装订问题，本公司负责调换。
服务热线：400-600-8099
投稿邮箱：author@citicpub.com

献给我的父亲，你给了我写作的天赋

献给我的太太，你给了我爱

献给上帝，你给了我生命

译者序

两年前，我正式迈入50岁，开始在越来越多的场合里与家人和朋友们触及退休生活的话题；几乎是在同一时期，我接到了中信出版社晓春编辑关于此书的翻译邀约。回想起来，有时真的不由得感叹生命的不可思议。这两年间，因为翻译这本书的关系，我对自己的退休生活有了更加深入的思考，有了明确的预期与清晰的规划。这感觉很妙，有点像是一个风餐露宿徒步千里的旅人，于途中偶然获得一本前人的旅行日记，在前人的指点下，对前途未卜的忐忑，不经意变成成竹在胸的笃定。

所以，当你拿起这本书时，我要对你说，恭喜你！因为很显然你已经开始和我一样认真思考有关退休生活的话题，而愉快、积极和富有成效的退休生活恰恰开始于你自己对退休生活的思考。

《老后无忧》是一本有关如何对退休生活进行财务规划，以及如何在退休生活中保持心理健康的指南。其作者弗里茨·吉尔伯特，退休前是一家跨国企业的管理者，他将自己在退休前后几年间发表在"退休宣言"博客上的内容整理成书，以期用自己的真实经历，为读者提供启发与智慧，帮助更多的人实现老后无忧的梦想。诚如作者在书中所言，人口结构的老化和养老金的入不敷出，迫使越来越多的国家推迟退休年龄。对于绝大多数尚未退休的人来说，未来仅仅通过社保养老金来维持退休前的生活水准，已经是一个遥不可及的梦想。

弗里茨把准备退休生活比作烘焙蛋糕，把退休生活从一个抽象模糊的概念解析成具象的、可操作的24条中肯的建议。书中随处可见散落在他平和亲切的文字间的精彩叙述与引人思考的归纳，在此我先分享几条，让读者朋友们先睹为快。

- 财务规划非常重要，但远非全部。
- 你需要为退休准备的金钱数额，无论是储蓄还是投资，要相当于预计每年花费金额的25～30倍。
- 退休后你就不大想钱的事了。
- 那些与钱无关的，才是老后无忧的关键。
- 如果你的做法正确，退休生活可以成为你一生中最有价值的时光。
- 爱好和目标是打造成功退休生活的关键。
- 找到在退休生活中可以去完成的有意义的事情，那些能够带来真正满足感的实现自我价值的事情。

莫道桑榆晚，为霞尚满天。愿有缘的读者能够从本书获得启发和灵感，让自己的退休生活更加安稳富足和丰富多彩，实现老后无忧的梦想。

武晓力

前言

你此刻正站在一片新天地的转折点上，准备开始一段新的旅程，去往自己从未踏足的地方。抵达这里的路充满了艰辛，你已经完成了漫长的跋涉，有理由为自己感到自豪。当你开始读这本书时，请允许我向你表示衷心的祝贺，祝贺你出色地完成了任务。你终于到达此地，退休已经成为现实，其实你已经征服了无数的艰难险阻。多年来你一直关心财务方面的事情，尽量储蓄，并奉行"先储蓄再消费"的原则。

你整装待发。

但是前方的路与你曾经走过的完全不同。关于将来会怎么样，你此时可能会有点好奇，甚至还会有点担忧。我知道自己曾经就是这样。你知道一切都会不同，但并不确定会如何不同。如果我必须用一个词来总结这些不同的话，我会选择——自由。

这种自由与你从孩提时代以来所经历的完全不同。因为在你人生的绝大多数时间里，都有其他人去告诉你做什么，包括你的老师、你的教练、你的上级，但从今往后，不会再有人告诉你了。

欢迎来到喝咖啡的休息时间，只是这次你可以用整个余生来慢慢休息。事实上，退休开始后的第一个早晨喝到的第一杯咖啡将会是你一生中喝过的最好喝的咖啡之一。

你将会体验到一种崭新的自由，这种自由既让人兴奋，又让人胆怯。这是一个你可以自由塑造的未来，一个你可以选择成为任何样子的未来，当然还有做出选择时需要承担的个人责任。

你希望自己的生活是什么样子呢？这是个很难回答的问题，我打赌你会在未来的日子里无数次地问自己这个问题。这个问题只能由你自己来回答，问题的答案只能通过自己的努力来实现。

你手中拿着的是一张指导你走完余生旅途的路线图。这张路线图将帮助你确信自己不会花光所有的钱。更重要的是，它将帮助你决定你想拥有什么样的退休生活，以及什么样的人生。这是一张由成千上万已经走过此路的人绘制的路线图。这段旅途与你之前走过的完全不同，只有真正走在这条新奇的道路上，人们才能了解它。本书将引导你通过前方的弯路，并确保你能够享受这段旅途。

在过去的5年里，我每周都在"退休宣言"上撰写有关这一旅途的文章，"退休宣言"是我在网上开的博客，用来分享我个人准备退休和向退休过渡的经验。我在这一过程中学到了很多，而且很高兴能把我最宝贵的经验集结成此书。我的目标是为你顺利完成向退休的过渡提供一些帮助，终极目标是帮助人们实现理想的退休生活。你也许会注意到，我在撰写此书时会分享来自"我们"的建议和境遇。对于一些人，退休是件非常个人的事情；而对于其他人，退休会涉及生活伴侣的建议以及与他们分享的决策过程。我的太太杰姬，是我退休旅途中不可分割的一部分，有鉴于此，我在本书中分享的许多建议和事例将不仅限于我个人的观点。

让我带你们先了解一下在这段叫作退休的旅途上将会遇到的最初几个弯路。当你刚离开起跑线时，会感到非常兴奋；自从你在大学的那个春假和一帮朋友驱车前往南方，去当年最热门的海滩之后，你再也没有如此兴奋过。你已经考完试了，你自由了。

让我记忆犹新的是，在退休后的第一个月里，我的脸上一直挂满了微笑。人们普遍的想法是："我不必再去上班了，永远不用！"几十年来为了避开进城早高峰，我每天都在清晨5：30醒来，现在终于获得了没有闹钟打扰的自由。我不仅再也不必去应付闹钟，也不必去应付通勤了。

在退休最初的3~6个月，你很可能会完成很多涉及房屋的待办事项。你脸上还会保持微笑，你满足于完成这些待办事项。但是，这个阶段最终会过去。需要给房屋做的事情就那么多，而你最终会完成所有的待办事项。

大约在退休一年后，我希望你从书架上再次拿出本书（现在就写在日程表上以提醒自己，我会等到……）。就是在那个时刻，本书的内容开始变得非常重要。这很难描述，但是当你在路上遇到那个拐点时，你会知道我在说什么。在你退休后的某一刻，你会意识到这就是你新的现实情况，这就是你现在的生活。你很可能变得比很多年来都更加频繁地内省，这其实是一件好事。我希望你能在这个时候再次阅读本书。

如果你想从本书获得最大的益处，我有以下几个建议：

- 当你读到一些经验时，不妨马上试一试。
- 买一个笔记本并开始做些记录。
- 买一只黄色荧光笔，在你第一次读本书时把重要的内容都标出来。

好好享用你在退休后第一个早晨的第一杯咖啡。你当然值得拥有它。本书中大多数重要想法，就像咖啡一样，都需要花时间慢慢煮，你煮的时间越长，那杯咖啡的味道就越香浓。

然后，当你在退休后一年左右遇到那个拐点时，请回来再次阅读你现在拿在手中的路线图。关于你的旅途，这张路线图是我所能给予的最大帮助，剩下的就看你自己了。

目录

第一章　退休就像烘焙蛋糕　/ 1
　　准备退休就像烘焙蛋糕　/ 3
　　准备你的食谱　/ 4
　　收集原料　/ 7
　　给蛋糕分层　/ 13

第二章　没有了工资收入怎么办　/ 19
　　退休后能花多少钱？　/ 23
　　营造退休后的"工资收入"　/ 29
　　房屋对你必需支出的影响　/ 35

第三章　崭新的一天：日常生活与人际关系　/ 43
　　空旷房间里崭新的一天　/ 46
　　人际关系　/ 54

第四章　潜在的挑战　/ 63
　　共同的挑战：身份认知　/ 66
　　应对挑战：主动出击　/ 75
　　21世纪的挑战　/ 81

第五章　拥抱个人爱好，打造理想退休生活　/ 89
　　为什么爱好和目标是打造成功退休生活的关键　/ 91
　　如何实施　/ 95
　　学习他人的成功　/ 102
　　"自由的狗"的故事　/ 103
　　个人挑战　/ 104

本书的关键要点　/ 109
致谢　/ 113

第一章

退休就像烘焙蛋糕

哪里有蛋糕，哪里就有希望。而蛋糕总是有的。

——迪恩·库恩茨

比喻是有趣的，我一直非常欣赏比喻被用来帮助解释复杂主题的能力。也许是我与众不同，但我的大脑的确能够很好地领会通过比喻表达的概念。我希望我的大脑也能够很好地运用比喻去表达概念，因为我已经决定在本书的第一章就使用这个方法。我的比喻将贯穿本书的大部分章节，以帮助你理解和运用其中的概念和想法。

本书旨在传授关于成功退休的秘诀。明确这一点很重要。鉴于你在看这本书，很显然这是你关心的话题，所以，我们已经有了一个不错的开始。

在此基础上，我希望你能够喜欢读到用比喻的手法表达的一些关于退休的概念，因为我马上就要用比喻开启我们的共度时光了。

准备退休就像烘焙蛋糕

你第一次读到它时，会觉得这句话的含义很简单。但是正如你将在后面几页中看到的，这句话是一个比喻，它内容丰富（不是很好的双关语）。就像烘焙蛋糕一样，退休需要细致地规划，谨慎地取舍，以及一个把所有原料融合成自始至终都让人愉悦的产品的方法。

如果方法正确，一起烘焙这个"退休蛋糕"的方法就是你开始自己卓越退休生活最完美的方法。让我们现在就开始吧。

准备你的食谱

以前我还上班的时候，年休假怎么安排一直是家里最优先计划的事项。每年的圣诞节假期期间，我们都会花很多时间计划来年夏天的休假。我们很享受这一过程，讨论不同的目的地，决定我们最终去哪里。在为期待已久的夏天休假敲定计划之前，我们会花数小时在网上浏览大量风光旖旎的度假胜地的照片。

我们一直认为，尽管假期只有一两周，但我们可以把筹划休假的时间拖得尽可能长一些，从而在期待休假的过程中获得一点额外的乐趣。这样不仅仅是只有两周时间可以享受休假，在长达半年的时间里将一直有个馅饼在眼前吊我们的胃口。这让假期更令人兴奋，也让生活充满了乐趣。更重要的是这种休假的效果要好过那些拖到出发前几周才开始确定目的地的休假。

当你决定烘焙蛋糕时，你必须提前做好准备工作。只有当你决定了要做的蛋糕种类，才能够开始做蛋糕。同样，在你决定退休生活的类型之前，你不应该贸然退休。我很惊讶地看到很多人花在退休规划上的时间竟然比花在准备休假上的时间还要少，不要让自己成为其中的一员。

> **退休建议 1**
> 为退休规划投入尽可能多的时间。

投资就是投入一种资源以获取未来的收益。你花在自己退休规划上的时间其实就是一种投资,一种可以带来极高回报的投资。你在本书中会看到退休规划的重要性被反复提及。我逐渐意识到:退休准备,或许就是成功退休最大的一个秘诀。

在大约还有 3 年就要退休的时候,我开始研究到底是什么成就了卓越的退休生活。我很好奇是什么造成了退休的"好""坏"之分。在工作的 30 多年里,我看到很多人无法顺利地过渡到退休。我当时把重点放在了尽一切可能确保自己以最顺利的方式过渡到退休生活上。我所学到的也同样能够帮助到你。

人们投入多少时间来进行退休规划与他们的退休生活是否成功有着直接的联系。那些投入时间少的人往往会遇到这些常见问题,如无聊、缺乏身份认同等等。那些投入时间多的人往往过渡更顺利,满意度更高。

通常,最不容易过渡的是那些充满斗志的"工作狂",他们会工作到退休前的最后一天。我亲眼见过这样的人,我觉得你也见过。当有人一点准备都没有,不得已进入退休时,问题会尤其严重。这种情况比大多数人认为的更普遍。我会在后面专门讲述这个问题。

能够顺利过渡的是那些投入很多时间对退休生活进行规划的人。我承认，当时我对自己和太太能否处理好过渡有一点担心。30多年来我自己一直是个"工作狂"，通常在长周末也不休息。不过，我并没有只顾着去担心，相反我决定要为过渡做一些准备。

我在退休前3年开始写关于退休的博客。3年里的每一周我都会写关于退休的内容。我对退休所做的思考比我认识的所有人都要多。我有点痴迷于此事，但这确实是我喜欢做的。我认为既然一辈子只能退休一次，为什么不在踏入这片未知领地之前多花些时间去了解它呢？即便本书的其他内容你都没有记住，我也请你记住投入尽可能多的时间进行退休规划的重要性。烘焙蛋糕时，你做准备工作的目的是要决定蛋糕的类型，以便随后完成制作完美蛋糕必需的每个步骤。同样地，退休规划的目的是要决定退休生活的样子，以便随后按步骤打造完美退休生活。

这个过程中最重要的步骤是决定自己想要拥有什么样的退休生活。正如你将会看到的，这会从财务上影响你退休生活的方方面面，并直接影响你可以退休的时间。更重要的是，它还会直接影响你退休以后做什么，在哪里做，以及人生的重心在哪里。如果你还不确定自己想要什么类型的退休蛋糕，我劝你在未来的几个月里就把这件事情想清楚。

对动手已经迟了的人，我也有些话说给你听。也许你马上就要退休了，而读这本书是你为准备退休所做的第一件事。也许你的雇主提醒过你工作的日子所剩无几，而你自己对此不以为然。也许你已经退休了，现在可能感到有些不知所措，并且才意识到你应该为退休做些规划。

你正在读这本书就是一个积极的信号,我丝毫不怀疑你会安排好向退休的过渡。缺乏规划并不一定意味着你会在过渡阶段遇到麻烦,但它提醒你必须认真对待退休,必须从现在起就认真对待退休。我会在接下来的章节中向你推荐需要采取的步骤。尽管有些步骤在投入更多精力去规划后收效会更好,但是在退休的任何时点采取这些步骤都会让你有所收获。

首先,让我恭喜你选中了这本书。请一定要把本书读完。尽管你可能会认为讨论金钱的那章才是重点,但其实最精彩的内容被写进了最后几章。请保持耐心,你会发现,如果你的目标是拥有成功的退休生活,与钱有关的内容远没有你想象的那么重要。你可以在第五章找到退休蛋糕真正的糖霜(精华),没有糖霜的蛋糕不是一个完整的蛋糕。

其次,我们都有过这样的经历,临时被告知晚宴要增加一位客人,或接到电话得知一位朋友刚刚住院。我们对当天会突然发生的事情一无所知,完全没有时间准备。但很多时候,即使缺少规划,甚至没有规划,我们还是能够烘焙出完美的蛋糕。

收集原料

如果你决定做一个香草蛋糕,可可粉就没有什么大用。你准备做什么类型的蛋糕直接决定了所需的原料,相同的原则也适用于退休。

当你进行规划时，把重点放在你希望打造的最终生活上。多花些精力去思考你希望拥有什么样的退休生活。你选择打造的生活决定了所需的原料。例如，如果你希望做横穿美国的旅行，你需要考虑买一辆房车；如果你希望做环球豪华旅行，你最好先确定自己有这样的财务实力以承担相应的花销。

> **退休建议 2**
> 专注于你希望拥有什么样的退休生活，并由此确定你必需的原料清单。

当首次开始设计退休蛋糕时，人们首先会想到的原料是金钱，金钱的确很重要。在烘焙退休蛋糕前，金钱是你必需的原料，而且数量要充足。如果你很晚才发现缺少一枚鸡蛋，你将很难找到一位愿意借你鸡蛋、帮你救急的邻居。所以，金钱是决定你何时能够退休的原料。如何判断你需要为退休准备多少钱呢？你可能曾无数次地问自己这个问题，而你需要对此做出准确的回答。有很多更大部头的书专门回答了这一问题。我会在第二章讨论一些财务原则，这些原则将帮助你拥有成功的退休生活。至于本章，我希望关注一个简单的配方，这个配方在你的退休蛋糕食谱中非常重要。这个配方可以帮助你确定自己已经攒够了鸡蛋，可以开始去烘焙蛋糕了。

简单来说，你需要以储蓄或投资的方式为退休所准备的金钱数额，相当于预期每年花费金额的25~30倍。例如，你预期每年花费5万美元而没有任何其他收入，那么在你真正退休前，你需要准备好125万~150万美元的财产。

50 000（美元）× 25 = 1 250 000（美元）
50 000（美元）× 30 = 1 500 000（美元）

当你看到150万美元这个数字时，会很自然地产生一个疑问：是如何估算出每年5万美元的生活费用的？正如之前提到的，选择打造什么样的退休生活决定了你需要什么样的原料。生活奢华，你当然需要更多的鸡蛋；生活节俭，只需较少的鸡蛋你也过得去。我们将在第二章更深入地阐述这个话题，在这里因为你要思考那些必需的原料，所以有必要特别提一下。

还有一个影响你所需原料的退休规划问题是：你是否计划在退休后还继续工作，以及这份工作是否会给你带来一些额外的收入？这是一个只有你自己才能回答的重要问题，对这个问题的回答非常重要，它会影响相应的一系列原料。例如，你想退休后从事咨询业务，评估需要哪些资源来实现你的梦想就十分重要。你应该考虑建立一个网站，也许是一个博客来展示你的专业能力，并且维护一个关系网以带来可能的咨询业务机会。继续工作的决定还会影响你在开始烘焙退休蛋糕前手头需要准备多少钱。鉴于你的额外收入通常会比期望的要少很多，我建议你在做假设时保守一些。烘焙退休蛋糕时，拥有的鸡蛋比需要的数量多要好过比需要的数量少。

尽管绝大多数人本能地把金钱视作退休所需的最重要的原料，我却在从过渡阶段进入退休生活后了解到一些有意思的事情。我曾听到别人说，"退休后你就不太会想钱的事了"，我当时根本不相信。但是，我后来发现这种现象确有其事，而且大多数人在退休过程中都体验过。

随着退休的深入，你确实会对钱考虑得越来越少。你知道自己必须花多少钱，并相应地安排自己的生活。随着时间的推移，与你在工作期间进行储蓄的时候相比，金钱变得越来越不重要。或许这看上去很奇怪，但是我自己亲身经历过，我曾交流过的大多数退休人员也经历过类似的生活重心的转移。我猜想你将会发现，正如我曾经发现的，那些与钱财无关的原料才是构成卓越退休蛋糕的真正原料。

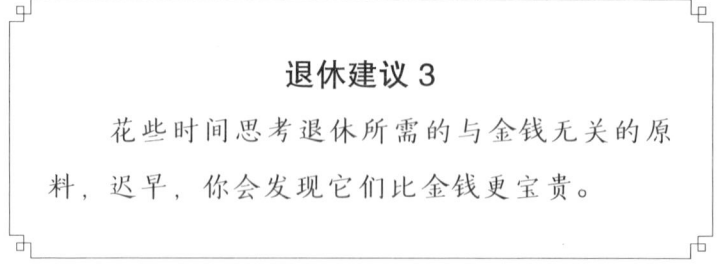

退休建议 3

花些时间思考退休所需的与金钱无关的原料，迟早，你会发现它们比金钱更宝贵。

本书致力于提供成功退休的秘诀。我有信心，你将会逐渐发现成就真正成功退休的关键因素远远不止与金钱相关的原料。所以，当我们思考需要哪些原料来烘焙真正令人满意的退休蛋糕时，我建议你把下面这些主要原料也准备好。

态度：如果你带着积极的态度开始退休，你拥有一个愉快的旅行的概率会增大。反之亦然。幸运的是，我们可以在很大程度上影响自己的态度。当你准备退休时，专注于保持正确的态度，它是卓越退休生活的一个关键原料。

好奇心：退休赋予你自由去探索世界。好好地利用你的自由去尝试你感兴趣的东西，带着好奇心观察事物，在尝试新鲜事物的过程中发现乐趣。好奇心会把你带到意想不到的地方，你很有可能发现一些可以变成你的爱好的东西。爱好与目的将是打开卓越退休生活的秘诀，是蛋糕上的糖霜。持续不断地追求它们，让好奇引导你的双脚。机缘是我最喜欢的词，而我喜欢它是有原因的。

慷慨：几十年来你一直在担心，想要积攒足够的资源来支撑你的退休生活。现在是时候得到回馈了。多数人发现，退休以后利用各种方式帮助他人可以提高自己的真实满意度。当你混合蛋糕原料时，请把那个过期的装满自私的罐子扔到垃圾桶里，赶紧换一个特大号的装满慷慨的新罐子。即使经济上并不宽裕，你现在还可以慷慨地使用你的时间。在退休蛋糕中撒一点慷慨，会给你的蛋糕带来不可思议的味道。

精神食粮：让你的大脑保持充实是退休生活非常重要的一部分。你失去了过去工作场所给你带来的激励，用什么来替换取决于你自己。当你为自己的退休蛋糕采购原料时，一定要为你的大脑购买一些精神食粮。储备一些优秀的图书，报名一个自己感兴趣的话题的网课，注册几个订阅邮件，让你的收件箱不断地收到自己感兴趣的内容，等等。另外，我鼓励你在准备蛋糕原料的同时，为自己在厨房里准备几本书。

生活方式：除了金钱，确保你还在考虑需要为你期望的退休生活准备哪些物质上的东西。你是否计划退休后从大房子搬到小房子，或者开着房车周游全国？事实证明，在准备退休的早期就将你对退休生活方式的需求融入混合原料的碗中，将有助于改善你的退休经历。你需要哪些原料才能拥有带来满足感的生活呢？现在就为适时获取这些原料制订出计划吧。

社会联系：和别人在一起的生活，充满了更多的乐趣。想办法建立新的友谊，并有意保持社会关系。

一个专家团队：退休不是游戏。如果你对退休规划的任何方面感到不满意，请组建一个适当的专家团队。在你需要帮助的时候，不要害怕寻求帮助，这里我所指的不仅仅是财务上的需求。退休是减轻你生活压力的时候，如果引入一些专家能够帮助你达到这一效果，那你现在就应该优先去组建这些资源。

健康：你不会变得更年轻了。如果现在还不开始注意保养自己的身体，你很可能会在十几年后后悔。利用增加的闲暇时间，尽力维护好自己的身体。从每周三次到五次轻松的散步开始，随着你获得的原料的增多，例如健身房的会员资格或对当地的徒步旅行俱乐部的了解，还可以考虑其他的健身方法。尽量早地将健身纳入你的退休生活方式中，并将它培养成你退休岁月中一个有益的习惯。

灵性：现在你的职业生涯已经成为过去，你将有更多的时间进行内省。不如利用这种自由去思考你真正想要的，以及自己人生中最重要的东西。想在退休生活中找到真正的满足感，你需要诚实地面对自己，到底希望灵魂扮演什么样的角色，并为此专注地投入一定的时间和精力。

你的原料清单或许看起来与我的有所不同，但重要的是：在你决定自己的退休生活需要哪些原料时，考虑的内容一定要远远多于财务因素。无论你烘焙的是哪种类型的蛋糕，上述清单中的很多东西都将是非常有用的，并且我建议你每种都准备一些。同时，认识到退休生活可以是非常灵活的也会很有帮助。你可以每隔几年回顾一下自己的原料清单，检查是否有新的原料需要增加，或者已经陈腐的原料需要放弃。你将用漫长的时间来烘焙这个退休蛋糕，不要急于去完成它，厨房里的耐心会给你带来用餐时的回报。

给蛋糕分层

在制作蛋糕时，你必须按顺序遵循一定的步骤才能得到你期望的最终结果。通常食谱开始的第一步，是要求你把烤箱预热至一定温度，并把一个8英寸圆形烤盘涂上油。

尽管打造卓越的退休生活并不像执行预设的步骤那么简单，

但还是有一个已经被证实了的基本的程序，可以帮助你实现卓越的退休生活。

财务规划：作为第一步，正如之前提到的，你需要关注的是财务规划。把财务规划做好非常重要，这也是为什么我会专门用第二章来阐述这个话题。从财务规划开始起步很正常，而且在一段时间里它将会是你主要的关注对象。当你处理相关数据时，请提醒自己，把金钱算清楚远非打造卓越退休生活的唯一步骤。

态度：作为你食谱重要的第二步，我建议你把一大撮态度混合到原料碗中。没有什么比拥有积极的退休态度更能够帮助你实现成功的退休生活。请在一开始就做出决定，让自己用乐观、好奇和感恩的态度面对退休。当然，你还是会感到担心，不过请现在就做出决定，当你开始烘焙自己的退休蛋糕时，让自己专注于积极的因素，并采取措施避免消极的因素。

最佳时机：你可以把从做好财务准备到开始涂抹糖霜这段时间，视作你的烘焙时间。蛋糕需要在烤箱中烘焙的时间长短会有差异，请准备用退休后一年左右的时间来烘焙它。当蛋糕在烤箱中烘焙时，请致力于寻求退休生活中柔性的一面。花些时间去品味你正在经历的过渡，同时要明白这只是打造完美退休蛋糕过程中的一小步。享受你的退休晚餐，当你想到自己一生中致力于工作的那些岁月时，可以做一些内省。在你工作的最后时日里，享受你的工作友谊，同时明白它们在将来会有所不同。请明白你还没有结束烘焙你的蛋糕，而对糖霜的考虑也只是刚刚开始。

个人爱好：创作令人叫绝的糖霜，既是一门科学，也是一门艺术，而这份食谱将是你独有的。糖霜是一种个性化的融合，它融合了那些对你最重要的柔性的东西，由此完成的糖霜反映并实现了你对退休生活的所有设想。它是找到一种爱好，把你和他人联系起来，同时满足你最深层的需求。创作和涂抹完美的糖霜将是你要终身致力于去实现的一门艺术。它也是本书第五章的重点，是一个真正卓越的退休蛋糕的基础。

最后，重要的是认识到你的余生将与此厨房为伴。你目前正在烘焙的退休蛋糕将永远不会全部完成。这个过程的美妙之处在于，这是一个你可以随时做出改变的蛋糕。厌倦了香草，想换成巧克力？可以。一切尽在你的掌握之中。

退休生活的全部就是要享受当下，所以请放轻松。这是你应得的。你的退休蛋糕还要在烤箱中烘焙一段时间，请放慢节奏，让自己舒服一些。你还有好几年的时间来弄清楚糖霜是什么，而且你也希望为它付出相应的努力。

毕竟，糖霜难道不是蛋糕最受欢迎的部分吗？

目前情况不同了

我还记得，1985年我刚到美国公司参加工作时，我的办公室有一位名叫朱尼尔的同事，他在我进入公司后不久就退休了。朱尼尔鼓励我一直在公司干下去，他说公司提供的养老金和退休人员医疗保险计划非常丰厚，就算你没怎么储蓄也可以退休。不过，朱尼尔非常幸运，他是最后一批能够享受养老金和退休人员福利黄金年代的退休人员。

具有讽刺意味的是，我们的人力资源团队当时建议我参加公司"新"的401（k）计划，该计划是根据美国1978年《国内税收法》而推出的。1978年的《国内税收法》允许员工用税前收入为退休计划缴款。与大多数其他公司一样，401（k）的推出是一系列对退休人员产生深远影响的措施中的第一个。随着时间的推移，公司意识到，相较于传统养老金的"固定福利"计划，像401（k）这样的"固定供款"计划对于公司而言是一种麻烦更少的责任。根据定义，"固定福利"计划要求公司向参与者支付固定的福利而不管养老计划所做投资的市场表现如何。在市场表现不佳时，公司必须增加资金以维持法律要求的养老金水平。与"固定福利"相比，"固定供款"计划对公司的唯一要求只是按照固定的金额缴款。对参与者而言，养老计划的市场表现和他们未来的退休福利得不到任何保障，雇主摆脱了承担保证未来福利的责任。结果，提供"固定福利"养老计划的私营企业数量的比例从1983年的62%降到了17%。相比之下，71%的公司现在提供类似于401（k）的

"固定供款"计划，退休规划的负担显然已经从雇主转移到了雇员身上。

自2010年《平价医疗法案》（ACA）通过后，我的雇主和很多其他雇主不再提供医疗保险，而医疗保险长期以来一直是退休人员的标准福利。该法案通过前，很多雇主，由于面临道德上的两难困境，感到有责任向退休人员提供医疗保险，否则很多退休人员由于已有的既往病史将无法为自己买到保险。在《平价医疗法案》消除了这一障碍后，大多数公司迅速抛弃了退休人员医疗保险，退休人员只能被迫踏入私人医疗保险市场这片浑水，独自去购买医疗保险。

退休福利的减少和雇主根据市场需求快速裁员的意愿，导致雇主和雇员之间的忠诚度受到了严重影响。以前雇主可以用丰厚的养老金计划这个"金手铐"来吸引员工，但是今天的员工可以自由流动，而不用担心他们的长期退休福利会受到任何影响。

在我的职业生涯开始时，朱尼尔还在宣讲终身服务于一个雇主的好处；而在我的职业生涯结束时，如今的千禧一代更换工作如此频繁，以至于我几乎无法记住他们中的任何一位。我记得有位员工在入职18个月后辞职，他决定与妻子一起去拉丁美洲旅行一年，然后再安顿下来养儿育女，当时他26岁。一年后，他回到这个地区并在另一家企业得到了一份体面的工作，没有错过任何机会。"迷你退休"现在成为一种选择，而无关你的年龄。

　　回首我从职业生涯开始到结束所经历的那些变化，很难确定哪一种体系"更好"。两者都有优点，也有缺点。宏观力量将继续带来远超过我们控制能力的变化。在我们的有生之年，我们有可能看到美国的社会保障体系发生重大变化，看到政府将会面临越来越大的压力，去为未来的退休人员兑现承诺的福利。唯一不变的事情就是改变，如果我们认为事情会一成不变就太天真了。

　　我们最好的选择就是，用我们已有的原料或者可以获得的原料，打造我们能够制作出的最好的退休蛋糕。

第二章

没有了工资收入怎么办

退休是美好的，如果你拥有两种必需品——你赖以生活的和你为什么而活的。

——佚名

生活中没有什么事情会比发现自己永远没有工资收入了，给你带来的压力更大。在你开始退休时，从数十年积累财富到开始从为退休准备的投资中支取金钱，这种转变可能会给你带来严重的焦虑。许多专家将退休规划和实施分为两个阶段：积累和支取。本章专注于讨论我们在我们自己退休时使用的成功应对"支取阶段"的方法，希望你也能找到一种方法，以减轻你在退休时的财务焦虑。

随着时间的推移，我想你会发现金钱并不是影响退休以后能否真正快乐的因素。这句话似乎有悖常理，但是我交流过的每一个已经退休了一段时间的人，无一例外地都经历了这样的过程：更少地考虑金钱，更多地思考那些能够给他们的退休岁月带来真正意义的事情。尽管如此，在你准备退休时，你可能还是会担心你的财务状况，那么就让我们先解决这个问题吧。

建立稳固的财务基础对你有巨大的帮助，它使你在未来的岁月里能够追求对你有意义的事物。金钱作为成功退休的秘诀之一，对它的担心应该得到回应，因此我在本章概述了对我和我太太行之有效的方法。我们无须再担心金钱的问题，因为我们采用了一个易于管理的方法，可以定期向支票账户存入退休收入。我不清楚这是否适用于你，但是我觉得还是值得在这里与你分享一下的。我将从最基本的问题开始，然后具体阐述我们特别的"退休收入"方法。

首先，在你的退休规划阶段，至少要解决3个财务领域的关键问题：

1. 我是否有足够的钱退休？
2. 退休后我能花多少钱？
3. 没有工资收入后怎么办？

首先，做个简短的免责声明。作为一个在过去5年里一直专注于退休话题的人，我是从个人的角度来进行写作的。我是一个"热情的个人财务规划爱好者"，但我不是一个有执照的财务规划专业人士。我的建议仅仅来自我个人的经验，而我的境遇可能与你的并不相同。任何人都不应该在读到这些内容后盲目地采用它们。如果你不愿意去处理自己退休生活的一些财务细节问题，请聘请一位专业人士来帮助你。决定自己将何时退休以及将如何处理退休后的财务问题，是你一生中将要做出的最重要的财务决定。请把我的话看作来自一位已经成功过渡到退休生活的人的经验，而不是针对你自己的情况给出的具体建议。

在你的整个职业生涯中，你一直在积累资产以支持你最终的退休生活。现在退休已经来临，当你开始支取这些资产来为退休生活提供资金时，你将经历一个巨大的改变。我会解释我们为取款而设置的系统，并建议你建立一个适合你自己的系统，以尽量减轻你在开始支取资产时的忧虑。我希望本章能够提供一些建议，让你可以据此搭建一个系统，最大限度地减轻你对金钱的忧虑，让自己更好地享受退休生活。

退休后能花多少钱？

退休后能花多少钱的问题与你何时能够退休直接相关。期望的花费越大，你在可以退休前需要积攒的钱就越多；花费越少，你需要积攒的钱就越少。道理看起来非常直白，但是具有挑战性的问题是，你如何去确定自己现在是否能够按照以下两个条件退休。

- 你期望的花费水平。
- 你已经积攒的财富。

在我退休前3年，我和太太决定要认真考虑我何时能够退休的问题。我们花了很多时间谈论我们期望过什么样的退休生活，以及这样的生活需要花多少钱。我们遵循的步骤很好地回答了这个问题，我们使用的方法对我们而言效果非常好。如果你已经结婚或者正与伴侣一起进行退休规划，我建议你们考虑一起进行下面的练习。将你的每一个愿望都融入退休规划中是非常重要的。说到这里，下面就是我和我太太如何为没有工资收入那一天的到来进行规划的。

首先，我们开始认真地跟踪我们的支出。我知道，仅仅想到这一点就足以让你跳过这一章。请保持耐心，这是非常重要的内容——我建议你在决定如何打造自己的财务基础之前，把本章完整地读完。

整整一年，我们用电子表格手动跟踪每一美元的花销。每次花钱我都会把收据放在口袋里收好，并在每周数次更新电子表格。这很乏味，但是由此得到的信息是无价的。在我们的生活中，我们第一次对于维持目前的生活需要花费多少钱，有了一个百分之百准确的，按照消费类别统计的基数。

其次，我们考虑了退休后我们的支出会发生哪些变化。这是整个过程中最重要的一步，因为在这里，你开始为你期望的退休生活打地基。仔细地思考你想要的退休生活，以及这样的生活将花费多少钱。先专注于你期望的生活方式，然后再现实地看待这种生活方式的相关成本。

退休建议 4

跟踪你退休前一年的实际支出，然后根据你的目标退休生活方式进行调整，以估算出明确的退休生活所必需的支出。

在我和太太规划我们期望烘焙的退休蛋糕时，在预计的必需支出中，我们尽可能多地涵盖了我们对退休生活方式的各种选

择。例如，我们想驾驶房车做横穿美国的旅行，因此我们在预算中为露营支出增加了一笔费用（40美元/晚 × 100晚/年 = 4 000美元退休后新增露营支出）。我们预留出了在退休前购买房车的钱，并将该笔金额从我们的"初始现金头寸"中减去。

我们还知道我们想缩小住房面积，搬到山上的小屋去。当我们按照计划卖出我们"城里的房子"后，我们可以付清山上小屋的房款。这样，我们将百分之百地没有任何债务负担，退休以后也没有任何抵押贷款需要偿还。我们还调整了预估的房产税和日常水电费用，以显示出小屋较低的持有成本。

基于我们设想的退休生活，我们最终计算出了预计的"退休之后"的必需支出。这是我所知的确定需要多少鸡蛋来烘焙自己的退休蛋糕的最好的方法，我建议你花一些时间做同样的尝试。

在调整"退休之前"的支出以得到"退休之后"的支出时，你要尽量实事求是。有两个方面需要特别提醒你注意：

- 医疗保险。
- 纳税。

由于我在55岁退休，我必须自己继续购买10年的私人医疗保险，然后才有资格享受联邦医疗保险。为了安全起见，我假设每月需要花费2 500美元，之后按照每年5%的比例递增。是的，这是很多鸡蛋。但我想确保在进入退休之前，我有足够多的储蓄来承担这笔费用。我研究了私人医疗保险的预估费，又提高了自己的预算以增加"安全系数",从而应对各种意外。

关于纳税,不要忽略这样一个事实,你在401(k)或者个人退休账户(IRA)中拥有的资金是税前的,不能全部用于支出。动用这笔钱引发的纳税义务是你在退休后必须承担的一项费用,但是很多人低估了动用税前投资的巨大成本。不要错误地以为你可以用税前的钱来承担(相同金额的)税后的开支。请在预算中增加一项,用一个具体的项目反映你在动用税前投资时必须承担的税务成本。

无论你是自己做还是聘请专业人士来做,请确保你对税务成本的具体细节进行了适当的考量,并将这些细节纳入你的分析中。多阅读一些有关退休的图书,以及涵盖这个话题的博客、公众号等。在准备退休时,建议你花点时间学习这些内容。

一旦你估算出了自己的退休支出,要计算出你需要积攒多少钱就相对简单了。首先,你要确定退休后将会有多少收入,包括社会保障、养老金、兼职工作等,然后再把这些退休收入从估算的退休支出中减去。

这样做的目的是确定你每年的支出中有多少将由你的储蓄承担。一旦你确定每年需要从储蓄中支出的金额,只需要将该金额乘以 25～33,就能确定所需储蓄总额的范围。该范围将显示两个金额,一个是按照25倍计算,金额较少,是更具冒险性的必需储蓄总额;另一个是按照33倍计算,金额更大,是更保守的必需储蓄总额。

总结一下,确定所需储蓄总额的公式如下:

1. 必需支出 – 退休收入 = 每年从储蓄中支出的金额
2. 每年从储蓄中支出的金额 × 25 ~ 33 = 所需储蓄总额的范围

下面是一个简单的例子：

1. 8 万美元必需支出 – 3 万美元社会福利 = 每年从储蓄中支出 5 万美元
2. 每年支出 5 万美元 × 25 ~ 33 = 125 万 ~ 165 万美元的所需储蓄总额

在这个例子中，第一年你要支出 8 万美元。在开始混合退休蛋糕原料之前，你需要至少积攒了 125 万美元的鸡蛋（或者 165 万美元，如果你倾向于更加保守）。如果你目前仅仅积攒了 100 万美元，那么你可以得出结论，按照每年 8 万美元的支出标准，你没有能力现在就退休。如前所述，你决定烘焙的蛋糕类型将直接影响所需的原料。你的支出越大，所需装满鸡蛋的篮子就越大，必需支出的多少取决于你想要为自己打造什么样的退休生活。

上述公式中用到的 25 ~ 33 倍的区间范围，是基于一个被称为"安全提取率"或"可持续取款率"（SWR）的概念。三一大学在 1998 年进行了一项名为"退休储蓄：选择一个安全提取率"的研究，该研究被认为是在安全提取率方面进行的最有影响力的研究之一。这项研究，通常被称为"三一研究"，确定了退休人员可以在退休后的第一年里支取储蓄总额的 4%，之后每年按照通货膨胀率调整增加。你可以在上述例子中发现，5万美元是125万美元中的4%，而125万美元是按照25倍计算出来的储蓄总额。最近的一些研究建议采用近似于3%的安全提取率，这与33倍的计算结果是一致的（5万美元 = 3% × 165万美元）。如果你想进一步研究这个话题，可以自行寻求更多的参考资料做延伸阅读。在本例中，我同时包括了3%（33倍）和4%（25倍）的安全提取率，以展示必需的储蓄总额的范围。

对于那些被迫退休的人，这个等式略有不同。此处，你拥有的鸡蛋数量是一个已知的数字，你需要规划出一种生活方式，能够用你手中已有的原料来支撑你的退休生活。在这种情况下，你只需将公式颠倒过来，去计算每年可以支出的金额是多少。

例如，如果你已经被迫开始退休，目前有100万美元的储蓄（投资），并预期每年可以收到2.5万美元的社会福利收入，那么"退休后可以支出多少钱"的答案要按照如下方式计算：

100万美元投资 × 4% SWR + 2.5万美元社会福利收入 = 6.5万美元年度支出

100万美元投资 × 3% SWR + 2.5万美元社会福利收入 = 5.5万美元年度支出

在你退休的第一年，按照4%的安全提取率，你可以花费6.5万美元，如果你希望更加保守而使用3%的安全提取率，你可以花费5.5万美元。之后每年，你都可以按照通货膨胀率调增该支出金额，这样你拥有的钱应该足够你的余生。例如，如果第一年的通货膨胀率为3%，则第二年可以在第一年65 000美元的基础上增加3%，即增加1 950美元，合计为66 950美元。

在本例中，因为你是被迫开始退休，你将不得不想办法根据限额来安排自己的生活。或者，你可以决定自己不按照那样的水平生活，重新回去工作，以便承担你的生活费用，并继续增加你的储蓄。决定在退休以后继续工作，即便只是兼职，也会对你的安全提取率产生巨大影响。如果你对计算出的结果感到不满意，可以认真考虑这一选择。在上述例子中，如果你能够通过兼职工作每年收入2万美元，你就可以将自己的年度支出增加到7.5万～8.5万美元，同时不用改变从储蓄中"安全"地支取3万～4万美元的金额。

现在，让我们做一个50万美元的投资组合的练习。假设你拥有相同的2.5万美元的社会保障收入，你每年的支出金额可以是多少？如果你的答案是4万～4.5万美元，那么你已经通过了考试。现在，可以尝试用你自己的真实数据来计算一下。

营造退休后的"工资收入"

现在你知道自己在退休后可以花费多少钱，那么你该如何建立一个系统，来确保你在允许的范围内进行支出呢？一种方法是制定一个详细的预算，并根据预算跟踪你每个月的实际支出情况。

我个人并不喜欢预算。我不想把退休后的时间花在追踪自己消费的细节上，而且我知道这并不是一个我可以坚持使用的方法。跟踪我们在一年中的实际支出已经很困难了，我不想在我的余生中再被迫去做这件事。如果预算对你行之有效，那就请全力以赴。我决定开辟一个更简单的方法。

当回顾在整个职业生涯期间我们是如何管理金钱的，我意识到在我工作的年代我们从来没有做过预算。我们只是通过自动向401（k）退休账户或共同基金账户缴款而践行"先存钱后消费"的原则。我们知道我们在积极地储蓄，并可自由支配支票账户中剩余的每一分钱。我决定为我们的退休支出复制这一过程。

首先，我在货币市场账户中建立了相当于我们预计3年支出的现金储备。我将使用本章中的第一个例子来解释我们的方法，而不是分享我们的确切数字。回想一下例子中的这些细节：

- 年度支出：80 000美元。
- 社会福利收入：30 000美元。
- 从储蓄中支取的金额：50 000美元。

我们不想从我们150万美元的投资组合中支取超过5万美元，这体现了3.3%的安全提取率。第一步是在货币市场账户中建立15万美元的现金余额，这相当于把每年5万美元的可以从储蓄中支取的金额乘以3年。在你退休前建立这个现金池非常重要，它可以确保你在退休的第一天就已经预留了足够的钱，可以用2~3年。

> **退休建议5**
>
> 在退休前建立相当于2~3年退休支出的现金储备。你将用这个现金池来营造你的退休"工资收入"。

以下是关于2~3年现金储备的说明。你在退休后将会面临的一个风险是"回报序列风险"（也称收益率次序风险），即在熊市（定义为股市下跌20%或更多）期间不得不抛售股票的风险。如果你拥有的100万美元全部投资于股票，而市场下跌了50%，此时你只拥有价值50万美元的投资。你所能做的最糟糕的事情就是在此时卖出5万美元的股票，这相当于10%的提取率，而你的投资组合中将会留下较少的股票，去等待最终的市场复苏。通过建立15万美元的现金缓冲，你可以在3年内每年提取5万美元，而无须在熊市期间卖出任何股票。现金缓冲提供的时间长度取决于你的风险承受能力。我们采取保守的方式，选择3年，这将在熊市后给股票留出3年时间进行反弹，其间我们无须卖出任何股票。有些人可能会说，我们放弃了潜在的投资回报，让15万美元仅仅获取微薄的现金收益，但是对我们而言，能够避开回报序列风险是值得的。你必须决定自己的风险承受能力舒适区间，并相应地建立你的现金储备。

当我们开始退休时，我给账户设置了自动转账的功能，每月从我们的货币市场账户转账到我们的支票账户。要确定转账金额，你只需把每年5万美元的支出金额除以12个月（5万美元/12个月=4 167美元）。一旦设置好，你的支票账户每个月将会收到一笔"工资收入"，你可以自由地支取你支票账户中的所有钱。

这里再讨论一下不定期发生但是并非不可预期的费用。比如说，你的炉子坏了，你必须花费5 000美元更换炉子，或者你的车报废了，你突然要花3万美元换辆新车。处理这种情况最好的办法是什么？对我们而言，我们在一个"紧急支出"账户中预留了1.2万美元，并且每年还会向该账户再存入1.2万美元。通过检查，那些计划外的费用其实是可以预料的，我计算得出了1.2万美元。例如，如果你预计一台5 000美元的炉子可以使用15年，便可以计算出每年的花销为333美元（5 000美元/15年）。一辆价值3万美元的汽车，预计驾驶10年，到期后的残值为1万美元，则每年的费用是2 000美元（2万美元/10年）。我们有两辆车，所以每年的费用是4 000美元。计算包括了所有主要的家用电器和需要长期维护的项目（例如，屋顶每隔15年需要更换），最终得出每年合计1.2万美元的金额。

我们把这1.2万美元纳入我们对提取率的计算，并把该金额从每月的退休收入中减去（在上述例子中，每年可以从储蓄中支取的5万美元将减少1.2万美元，至3.8万美元，然后可以再按月分解成每月3 167美元的收入）。

现在我们依然可以动用支票账户中的每一分钱，同时知道对于任何计划外（但并非不可预期）的费用，我们可以动用这1.2万美元，同时又不超出安全提取率。我们每年都会向该现金储备存入1.2万美元，这样我们就将留有足够的钱在需要更换汽车的时候，用现款去购买汽车，或者更换炉子、更换屋顶等。这么做虽然增加了一点复杂性，但是我们知道我们已经为"意外"费用建立了缓冲，我们喜欢由此带来的安全感，并且也知道这些意外费用正是生活的一部分。

除了这15万美元的现金储备，我们还有两个额外的，按照未来何时开始动用这些资金划分的资金"池"。这样，我们一共有三个池子，具体如下：

- **资金池1**：15万美元，或3年×5万美元，以现金或现金等价物的形式。
- **资金池2**：25万～35万美元，或5～7年，以债券、定期储蓄、开放式基金的形式（有一些波动性，具有较高的成长性）。
- **资金池3**：剩余的100万～110万美元，以股票投资组合的形式（有更大的波动性和更高的成长性）。

理论上我们可以承受8～10年的超长熊市而不必卖出任何股票（3年依靠现金，5～7年依靠出售债券）。请注意，组合中资产配置的最终状况将是：

现金：15万美元，或150万美元组合的10%。

债券：25万～35万美元，或150万美元组合的20%。

股票：100万～110万美元，或150万美元组合的70%。

就我们而言，我们持有大约60%的股票和40%的现金与债券，这反映了我们更为保守的做法。你的资产配置是你退休规划中非常重要的一个环节，你应该有意识地按照自己的风险承受能力去设定目标。请记住，通货膨胀也是退休后面临的一个风险，因此请尽量保持足够的股票仓位，以获得降低通货膨胀风险所必需的更高的收益率。

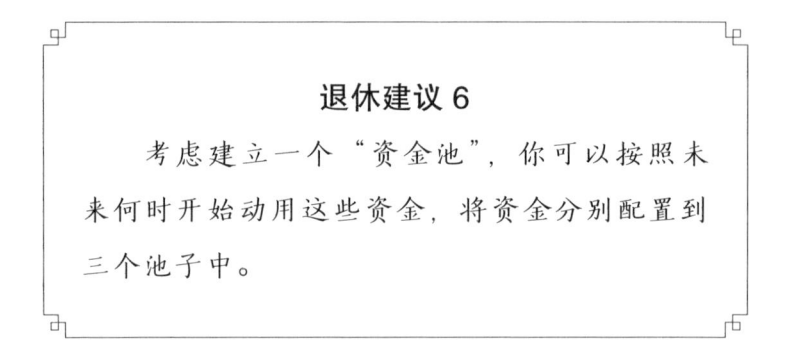

退休建议 6

考虑建立一个"资金池"，你可以按照未来何时开始动用这些资金，将资金分别配置到三个池子中。

当我们不断消耗资金池1的资金时，会根据市场的表现卖出资金池2和资金池3的债券和股票，定期向资金池1补充资金。如果市场表现良好，我们每年至少两次向资金池1补充资金，以使资金池1尽可能接近"装满"3年资金的水平。

如果熊市来袭，在数年中我们只会在需要的时候从资金池1支取资金而不再补充。这样可以防止在熊市中抛售股票。鉴于我们整体投资组合的市值有所降低，我们也会同时减少一些支出。我们还把"想要的东西"作为缓冲纳入我们的预算，而这些"想要的东西"可以在必要的时候以最小的代价被放弃。我们还可以考虑出售资金池2中一些并未像股票那样严重下跌的资产，以便在资金池1中维持至少一年的缓冲资金。

如果在这个问题上我把你弄糊涂了，请不要跳过它。把这部分内容再读几遍，并计算出你自己的数据。如果你感到不满意，请聘请一个专业的理财规划师，帮助你处理这些数据，并制订出一个适合你的方案。

房屋对你必需支出的影响

在规划退休后的必需支出时，有几个重要的方面你应该考虑。所有这些对生活方式的选择都将对财务规划产生影响，因此我将它们集合在了本章中。

首先，考虑你想住在哪里，什么样的房子能满足你的退休梦想。该决定将会对你的支出产生重大影响。当你估算自己预计的退休支出时，对此问题做出的决定非常重要。

如果你对估算出的支出水平感到担心，我建议你考虑把缩小住房面积作为策略的一部分。如果你已经是空巢家庭，与需要抚养孩子时相比，你只需要相对较小的空间。闲置的空间会浪费很多钱，你可能并不希望将这些钱浪费在你已不再使用的房间上。更大的房屋也同时意味着有更多的家务，而你或许更愿意尽量减少退休后的家务。

如果你有健康问题，那么现在在你还有足够的活动能力可以搬迁的时候，是否应该搬到一个进出更方便的家呢？如果你的孩子已经搬走了，是否有一个生活成本更低的地区吸引着你？如果你在一个高税率的州，你是否已经在考虑搬到低税率的州？也许你正在考虑某个距离你孩子更近的地区？可以留出一些时间，通过爱彼迎（Airbnb）分别在几个不同的地区租一套房子，像当地人一样生活几周，以获得对该地区真实的感受。

退休建议 7

如果你计划退休以后缩小住房面积或搬家，在你做出决定前，请在新的地区多生活一段时间。在你还工作时，就加入新的社区吧。

在我退休前7年，我太太和我就在阿巴拉契亚山区购买了一个度假屋。它离我们的城市居所有两个小时的车程，我们用它度过周末或较长的假期。当我们不用它时，就把它租出去，房租收入足够支付度假屋的各种费用。它给了我们一个机会去全面评估当地的小镇，也就是我们现在居住的小镇。当我们还在工作时，我们已经在该地区结交了新朋友。我们在周末参与当地的慈善活动——这些非常重要，我们将在后面的章节讨论所有的这一切。此外，出售我们在城市里的"大房子"释放了房屋净值（扣除房

贷后的房屋价值），我们用这些资金偿还了退休小屋的抵押贷款。我们变成百分之百没有任何债务，甚至还有一些多出来的房屋净值款可以存入我们资金池1的现金储备中。

如果你决定缩小住房面积或搬迁，请考虑你将会在何时搬迁。有些人喜欢在退休后有更多的时间处理搬迁的事。这样做没有任何问题，但请务必考虑在购买和出售房屋过程中可能出现的，需要同时为两套住房供款所带来的现金流问题。还需要意识到，你将在退休后不久就离开你的家，这可能会使向新的退休地区进行过渡变得更加困难。早搬家与晚搬家均有利有弊，我建议你在最终确定你的计划时，与配偶认真考虑具体的细节。

接下来，还有必要为退休后进行的移居他国计划写几句话。为了减少退休后的开支，有越来越多的人移居到成本较低的国家。如果你也有此打算，请理性地对待你的期望。在你退休前，先做大量的调查并在目标国家做更长时间的旅行。当你访问该国家时，不要像一个游客那样去旅行，相反，请考虑租一套房子住几个星期，租住的房子要与你退休后期望居住的房屋差不多。联系那些在你之前已经搬迁过来的移民朋友，讨论他们真实的经历。考虑居住在外国的法律要求，并在你做出最终决定之前做好尽职调查。对许多人来说，在低成本国家待上几年，可以增加有趣的退休经历，同时减少开支。我有一个朋友叫吉姆，他40多岁退休，现在在巴拿马享受退休生活（你可以在退休之路网站 RouteToRetire.com 查看他的故事的详细内容）。它也许适合你，但对我太太和我来说太激进了。确保你已经为可能出现的搬迁失败制订好了应急计划,并为在最糟糕的情况下比预期提前搬回美国准备好了财务预算。

另一个主要的考虑因素是你是否正在计划为退休生活购买一些"装备"。你想要的退休生活方式可能包括一些装备,而这也并没有什么错,只是请注意,装备可能会很贵,请将其纳入你的财务预算。

就我们而言,我们的装备包括一辆新的房车、一辆牵引房车的皮卡、两个皮划艇和两辆自行车。我们估算了每一项装备的成本,并决定在退休前购买它们。我们有一个"初始现金水平"的目标值,金额等于3年间需要支取的累计金额(资金池1),我们要确保在我们的计算中包括了大约总计10万美元的装备支出。使用之前的例子,我们现在需要15万美元现金(3年×5万美元)外加10万美元来购买我们的装备。如果我们没有这么做,那么在购买装备花掉10万美元后,我们会在退休的第一天发现所持有的现金池的资金水平低于目标值。在工作的最后一年,我们减少了对储蓄的投入,并将资金转为现金,以帮助支付所需的开支。我们卖出了一些股票,并使用净值减少后的投资组合,作为我们SWR计算的预计起始资金水平。我们还将出售城市房屋所得的多余房屋净值用于现金积累。

最后,我们决定在退休前改造小屋的厨房。我们见了不同的承包商,并且预留出所需的资金。在积攒了足够的资金后,我们购买了所需的装备,完成了厨房改造,同时在退休前建立了15万美元的资金池1。

如果你准备完成一个较大的改造项目或购买一些装备,请考虑在未退休时去做这些事情。将它们纳入你的规划中，并确保你在退休前已经想办法积攒了所需的资金。

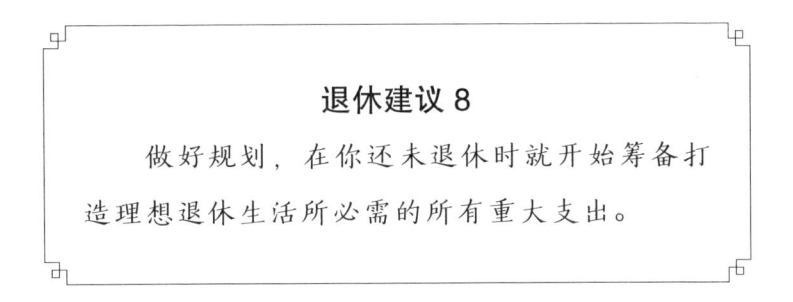

> **退休建议 8**
> 做好规划，在你还未退休时就开始筹备打造理想退休生活所必需的所有重大支出。

在工资收入停止流入之前进行这些支出是有帮助的。一旦工资停止发放，耗费你的鸡蛋就会变得更加困难。你会对自己有限的资源更加担心，尤其是在你退休的早期。研究表明，那些享受快乐退休生活的人通常倾向于在退休之前就开始他们的重大支出。

此外，在退休前完成你的目标装备消费，可确保你在开始退休时手头有合适水平的现金。如果你在装备上超支，发现自己的现金低于目标水平，你可以继续工作一段时间，直到将现金恢复到目标水平为止。如果你等到退休后再去买这些装备，那任何超支都可能使你处于危险的境地，导致你在退休的早期现金不足，从而增加了暴露于序列回报风险的可能。

继续上一章的烘焙比喻，前面提到的步骤旨在确保你在开始混合你的退休蛋糕原料之前，手中有足够的鸡蛋。请谨慎地将鸡蛋花在装备上，但是也要记住这些装备是你食谱中的重要元素。在你拥有资金池1和足够的现金足以避免在熊市中出售股票之前，请不要退休。对你来说，最糟糕的情形就是，在已经开始烘焙你的退休蛋糕后，发现你的厨房里没有足够的鸡蛋来完成你的食谱，而此时你已经不再工作了。

你的税前储蓄多吗？

如果你跟我年纪差不多，那么你在自己的职业生涯中应该也曾被建议要大量投资税前投资品种。当婴儿潮一代进入劳动力市场时，IRA和401（k）计划刚刚推出，人们很快了解到这种"纳税之前"（税前）的选项具有诱人的税收优惠。在纳税时，任何税前的缴款都会被从你的应税收入中扣除，从而减少了你缴款当年的税单，并且这些计划的投资收入也是"递延纳税"的——多好的奖励啊！我们都知道所得税最终将在未来的某个时候支付，但我们可以以后再去管它。

未来已经到来，山姆大叔并不像我们所相信的那样慷慨，他想要对你过去这些年来赚取的收入征税，而且现在就要征。事实上，如果你在72岁之前还没有开始支取你的税前投资，他将会通过那些令人讨厌的最低取款要求（RMD）来强迫你去支取。最低取款要求是基于美国国税局（IRS）的一个公式，该公式要求你逐年增加从税前IRA/401（k）投资中支取资金的比例。当你支取这些资金时，必须为这些资金缴纳个人所得税。随着2019年年底新的《退休金改革法》的通过，最低取款要求的年龄从70.5岁提高到72岁。

最低取款要求给婴儿潮早期的人们带来了不快的影响。他们已经活到了72岁，最低取款要求现在被强加于他们身上。他们面临着一个痛苦的现实：这些税确实会对他们的利益造成伤害，而且似乎没有什么办法可以避免。

所以，不要等到72岁才开始管理你的税前投资储蓄，有更好的办法来处理这个问题。

退休建议 9

不要等到72岁最低取款要求生效时才开始管理你的税前退休储蓄。可以考虑通过支取税前的个人退休金账户的储蓄（增加应税收入），以足额使用每年边际税率的额度。

从你的税前账户中支取的任何款项，都将按照你在支取年度的边际所得税率缴纳个人所得税。如果你在领取社会保障和养老金，那么这些最低取款要求很可能会把你推入一个更高的税级，导致缴纳比预期更高的个人所得税。为了尽量减少这种风险，请考虑利用从现在到72岁的这段时间，每年从税前投资中支取一部分金额，以足额使用当年边际税率的额度。

以下示例有助于阐明这一策略。虽然税级在不断变化，但我将使用2019年已婚夫妇共同申报的现行税率。收入为19 400～78 950美元的，都将按照22%的税率缴纳个人所得税。如果你的收入是5万美元，你可以从你的税前账户中提取28 950美元，同时维持22%的税率不变。"顶额"所指的是通过支取一部分税前储蓄（5万美元＋28 950美元），使应税收入达到78 950美元的做法，而78 950美元代表了你当前税率的额度"上限"。

如果你选择不这样做，那么当最低取款要求开始生效时，你的税率可能会更高。例如，如果你已经73岁，你的最低取款要求迫使你在5万美元的收入之外，再从税前储蓄中支取5万美元，而10万美元的总收入将把你推入下一档更高的税率，最终你需要为按照最低取款要求支取的超过78 950美元"上限"的部分（100 000–78 950=21 050美元）缴纳24%的个人所得税。

这是我们现在正在使用的策略，尽管我们只有55岁。2019年我们首次从税前401（k）退休计划中支取资金，并将资金转投到罗斯账户①（Roth IRA）。在你实施这一策略之前，先要了解所有的影响，例如可能会失去因收入较低而有资格获得的任何《平价医疗法案》（ACA）或联邦医疗保险补贴。可以咨询你的会计师或注册理财规划师，如果你有兴趣在退休生活中尽量减少你的纳税金额，这是你应该考虑的一个策略。

---

① 罗斯账户是美国的一种为退休设定的特殊投资账户，是一种特殊类型的免税个人退休账户，你可以把税后的钱存入其中，存入的税后的钱及收益可以免税增长，并且在59岁半后免税提取。

第三章

崭新的一天：
日常生活与人际关系

退休就像不用上学的夏天，但这个夏天永远不会结束。

——佚名

当我还在工作的时候，我对退休生活到底是什么样子充满了好奇。我记得我问过几个已经退休的朋友：退休后的生活到底是什么样子？但他们的回答从未让我完全满意。"每周6个周六，周周如此"是一种常见的说法。"永不结束的假期"是另外一种说法。但我知道还有更多的内容，我非常渴望真实地体验这种自由。

随着退休日期的日益临近，我花了大量的时间去思考这个话题。退休生活是一个有趣的概念，只有亲身经历过，我们才能完全理解它。无论别人对你解释得多么好，你都不可能在亲身经历之前完全理解它。即便有些人能够完美地描述它，而你又能够按照他们的本意理解他们的意思，可现实情况是，没有哪两个人的退休生活经历是相同的，也没有哪两个人向退休生活进行的过渡是相同的。

我曾试图用度假的感受来推断我退休后的日常生活，但我知道这不是一个能够反映退休生活真实状况的恰当的方法。无论我如何尝试，都没有办法预测它到底会是什么样子。这是一种有趣的好奇心，我经常想，是不是只有我一个人对这个话题感兴趣。我希望不是，因为我已经选择在本章阐述这个话题了。

你快要退休了，对它到底是怎么回事很感兴趣。我自己曾经对这个话题如此着迷，所以我要写一本书，试图来解开人们对退休生活到底是什么样子的迷惑。

我发现自己处在与我曾经咨询过的朋友相同的处境上，我在思考如何才能更好地向你描述它。我希望我可以说"每周6个星期六，周周如此"或"永不结束的假期"，但我们都知道这些表述是如此乏力，以至于我甚至都不知该从哪儿开始进行解释。

退休生活不同于你一生中所经历过的任何事情。它是惊人的、迷惑的、有趣的、独特的、可变的、灵活的、顽皮的、令人兴奋的、混乱的、困惑的，以及可用许多其他的形容词来表述，我可以很轻松地将这句话变成本书中最长的句子。但即便是这样，也无法解释退休生活到底是什么样子。让我们来仔细看看退休生活是什么，以及退休生活不是什么。

空旷房间里崭新的一天

任何一天都充满了无限可能。

请在这个念头上驻足一分钟，想象一下你目前生活中的一个星期六，在这一天你真的拥有了无限的可能性。但是退休生活带来的无限可能性，远远超过某一个星期六所能提供的。你今天拥有的可能性是无限的，你明天拥有的可能性也是无限的，下个星期、下个月、明年，你余生的每一天都将充满了无限可能性。的确，退休生活提供的可能性比一个星期六所能提供的要大得多，但这仅仅是一个开始。让我们在此基础上开始搭建未来世界。

想象你面前有一扇紧闭的门,门是白色的,上面没有窗户,也没有任何标记,而且是锁着的。在你退休那天,你拿到了那扇门的钥匙。你转动钥匙,感觉到自己内心的不安,然后推开那扇门。门的另一侧是一个白色的房间,房间向四面八方延伸,直到你目力可及的天际。

你有一盒蜡笔。在这个你拥有蜡笔的白色房间里,充满了无限的可能性。

现在,想象一下,你所能画出的任何东西都能变成现实。你在地板上画一个湖,猛然间你已经在湖中游泳;画一座山,下一刻你已经在爬山;画一艘帆船,你已经在扬帆航行;画一匹马,你已经在策马疾行。一切都充满了乐趣,请不要限制你自己,请记住,现在是充满无限可能的日子。

尝试更大胆的想法。

现在开始考虑你退休蛋糕上的糖霜。画一个需要帮助的人,你已经在帮助他;画一个苦苦挣扎的企业主,你已经在给他提供建议;画一个失去父母的孤儿,你已经在向他给予你的爱;画一只无家可归的狗,你已经在救助它;画一个"瘾君子",你已经在给他做心理咨询。

你现在开始明白了吗?无限的,可能性。

空旷房间里崭新的一天,是的,一个你从未经历过的一天。一天接着一天,一天又一天,在你余生的每一天。

现在你可以开始画了。

第三章 崭新的一天:日常生活与人际关系

> **退休建议 10**
>
> 在你快要退休的最后几周里,抽出时间向你工作期间的挚友道别。你们的关系在退休后将会发生变化。

周五早上8点,我收拾好行李,往大堂走去,就像我在过去几十年里在世界各地的酒店里的举动一样。我在前台遇到了我的几个同事,然后我们跳上了一辆出租车,前往芝加哥的奥黑尔机场,一切看起来都再正常不过了。

其实没有什么看起来是正常的。

我记得在亚特兰大下了飞机,然后在刚出廊桥的候机厅里与同事们会合。在相互告别时,我们都意识到了这一刻的特殊意义,我们一起合影以留住我作为美国企业一员的最后时刻。当我开上自己的皮卡向北驶去,远离城市,前往我们在山间的退休小屋时,我意识到一切真的都结束了。我退休了,明天将是我作为退休大军一员的第一天,我已经正式迈过了起跑线。

新的一天已经开始,一个你可以选择是否工作的一天,一个你拥有全部自由的一天,生活再也不会一样了。

从很多方面来说,那个周末感觉就像是其他任何一个周末一样。最大的不同是我明白星期一早上的通勤永远不会来临了,而且我知道自己正式退休了。然而,这仍旧是一个星期六的早晨,我与我的太太坐在我们小屋的露台上，望着眼前的树林，悠闲地喝着咖啡。这一切都很熟悉，但又是全新的。没有强烈的意愿去查看自己的电子邮件，这让我感觉不是很自然，但是这种感觉真好——太好了。

我总是在笑，在第一个周末，在第一周，在第一个月。我反复品味着我再也不必工作这一事实，非常奇怪，这个想法会在最不经意的时候突然出现在我的脑海中，而每当我想到这个的时候，脸上都会浮起微笑。如果有人看到我连续多日的、完全随机的、时不时冒出来的微笑，一定会以为我疯了。"如此看来，这就是自由的感觉，"我想。"这就是退休的感觉。"又一个微笑浮现在我脸上。

我有4个月没有设置闹钟了。我很快就发现，一天中我最喜欢的时间是我初次醒来后的30分钟。几十年来，我第一次不用急着起床，我会让自己数次醒来又睡着，享受着这样一个事实：我可以让自己再次陷入蒙眬的睡眠中，而不用冲进淋浴间让自己清醒以便一会儿驾车去上班。多年来，我都是在早晨5：30起床，但是我发现大约早晨7：15才是我身体自然醒来的时间。我的狗似乎也喜欢这种新的作息时间。我们有4只狗，它们都喜欢在床上挤来挤去，无论是哪只碰巧靠近我的手，感觉到我开始醒来时，都会用鼻子在我的手指上蹭来蹭去。它们很满足于和我们一起享受慵懒的时光，并用这种新的方式来开启每一天。

在和太太轻松地喝完一杯咖啡，吃完一碗麦片后，我会穿上靴子，带着狗到树林中进行晨间散步。我们在购买山区的退休小屋时，选择的标准之一是从我们的房屋有小路能够直接通向一片僻静的森林，而这在我们这里很常见，因为在阿巴拉契亚山脉有大面积的森林被保留为国家林地。我每天早上都会在心里感谢当时的选择标准，因为这条穿过我们树林的2.4千米小径已经成了我新的退休"通勤之路"。

随着日子的拉长，以及例行的林间散步变成我们每天最喜欢的部分，退休规划的重要性开始显现出来。由于认识到我们自己对徒步旅行的热爱，以及有预见性地购买了连通林间小径的小屋，我们为自己的退休生活打造了新的日常活动，而这个日常活动将在未来多年里给我们带来快乐。

随着几天变成几周，几周变成几个月，退休的现实开始慢慢沉淀下来，很难解释其中的演变过程，我猜想每个人都在以自己独有的方式经历着向退休生活的过渡。对我而言，这是一段有益而愉快的经历，其间从来没有任何不愉快，但也的确与我所设想的不同。

随着时间的流逝，无须工作的兴奋感逐渐消退，而现在的这一切就是你的生活，开始作为一个更加现实的事实逐渐沉淀下来。我不再那么频繁地做有关工作的梦，反而是对学生时期压力的记忆开始出现在梦境中，即使大学毕业十几年了，我仍然会梦到自己迷失在去往教室的路上。不过，工作的梦也有让人开心的一面，我醒来后还会笑起来，而意识到这只是梦时，我会在心里告诉自己："我永远不用工作了。"即使到现在，想到这一点，依然会让我脸上浮起笑容。

随着凉爽秋天的来临，我开始有一种冲动，想要去完成一些事情。我已经享受了4个月的闲暇生活，有一种天然的本能促使我开始去寻找一个可以为之努力的目标。我一直都喜欢景观美化，并且一直在考虑为我们环形车道的中心岛做一个大型的铁路枕木工程。在接下来的两个月里，我每天都花一两个小时来创作我的景观代表作，这是辛苦的体力劳动，但是非常值得。

这是我自己的白色房间里的第一幅蜡笔画，非常漂亮。

第一个大工程不仅教会我，退休生活真正的快乐是你可以自由地绘制你喜欢的任何东西，而且还让我明白有自由就有责任。你必须去绘画，你必须决定如何来度过你的每一天，除了你自己，没有其他人可以代替你。在最初的退休快感开始逐渐消退后，如何找到一个方法用有意义的事情来替代它，取决于你自己。

在接下来的6个月里，我忙于进行各种绘画。

我将在未来的章节里更多地讨论如何处理好向退休生活的过渡，但是目前有必要特别强调的现实是，你退休生活中每一天的日常内容会随着时间的推移而变化。

退休建议11

你的退休生活将随着时间的推移而变化。需要明白，最初的兴奋感会消退，你将过渡到适合你的长期的退休生活方式，请享受这一过程。

第三章 崭新的一天：日常生活与人际关系

重要的一点是：认识到你每天的日常生活将会变化。拥抱自由，去打造一个适合你的日常生活。在你的人生中，第一次不再有其他人支配你的日程安排。你拥有完全的自主权去创造你渴望的生活，你也有责任用你现在所持有的蜡笔，为你的白色房间画满各种图画。

一些人在从有秩序的生活向空白房间里的无序生活过渡时，会遇到困难，这是可以理解的。这是你一生中将要经历的最大的转变之一，绝大多数人都没有意识到这个转变将会有多大。

现在你已经知道了，我建议你开始为此做出规划。

准备最大盒的蜡笔，开始思考你希望在自己房间的墙上画些什么，这是为了你自己好。而且任何时间开始都不晚，即使你已经退休一段时间，并且正挣扎于向退休生活的过渡。白墙会在那里等着，直到你准备好。无论你在什么时候决定开始认真打造自己梦想的退休生活，你都会从中受益。

如果你的做法正确，退休生活可以成为你一生中最有价值的时光。

建立新的日常生活

很难解释退休会给你的日常生活带来多大的变化。几十年来，你都是按照别人的安排行事，但是从你退休的那天起，你的全部日程都发生了变化。你不必在早上6：00起床去洗澡，在6：45吃早餐，在7：15抓起你的车钥匙，在8:00到达公司。仅仅一天之隔,所有这一切都成为过去。这对绝大多数人来说都是有压力的,当人们想到"我该怎么利用这么多时间呢?"时,他们会有些担心。

好消息是你可以随心所欲地给自己建立新的日常行程,无论你对如何度过一天有什么样的喜好,你都可以据此来构建你的日常生活。如果你喜欢秩序,你可以用日历表上有秩序的日程来安排自己的日常生活,并设好闹钟和提醒,告诉自己什么时间去做什么事情。如果你喜欢更轻松的方式,那就不事先订计划,每天醒来,随遇而安地安排你的一天,并享受机缘巧合给你带来意外的惊喜。

在我随遇而安地度过了退休生活的前4个月后,我发现给生活增加一点秩序会更好。伴随着我退休生活的不断演变,我打造了一个适合我自己的新的生活日常,它包括有秩序的上午时段和随遇而安的下午时段。下面的例子是我典型一周的日常安排,它将具体说明我所采取的方法。

在我们没有驾驶房车旅行的日子里,我通常在早晨7点到达健身房,在9点回到家里,完成锻炼会让我感觉好极了。无论是参加综合体能训练(CrossFit)健身课,还是有氧动感单车课,抑或与我太太一起上运动塑形操课,每周的每一个早晨,我都会投身于某种形式的健身活动。我已经建立了一个有秩序的日常生活,以确保我优先完成健身锻炼。

从健身房回来后,我的一天就比较随意了。我们仍然每天沿着林间小径遛两次狗,但是时间并不固定。有时是我太太去,有时是我去,有时我们一起去。我通常会抽出一些时间来阅读电子邮件和处理我博客上的一些事情,但是我不用担心会有其他事情突然冒出来,并且需要优先处理。如果天气很好而且我也有心情,我可能会临时安排去附近的湖里游泳。我还可能会去钓鱼,去山间徒步旅行,去镇上看场电影,或者出去吃午饭。当然,也可能哪儿也不去。

在每天的早些时候做些有秩序的事情,可以让我在当天余下的时间里自由地去做任何我想做的事,而不会感到愧疚。我花了几个月的时间去尝试,才发现哪些东西适合我自己,我很有可能在未来的岁月里继续调整它们。

关键是要保持灵活性,不要把自己限制在一个你不喜欢的日常生活中。你的日常生活现在由你控制,按照自己的期望来建立它,当你感到想要做一些改变的时候就去调整它。享受生活,这是你应得的。

人际关系

在退休给你的生活带来的所有变化中,恐怕没有什么比它对人际关系的影响更大了,这种影响的范围广泛而有力。牢固的人际关系是给生活带来快乐的因素之一，而你的人际关系将会被颠覆，严重程度甚至超过你人生中的任何其他时期。

很久以来，我就一直对退休生活非常着迷，过去几十年，我经常会尝试主动花时间同那些即将在几个月内退休的同事相处。我发现，如果我让他们来主导谈话的内容，这些即将退休的人通常会分享他们在自己工作行将落幕的日子里正在思考的一些事情。

许多人担心，他们与生活伴侣的关系，将会考验他们向退休生活的过渡，这种担心是有道理的！你们过去在一起的时间，可能从来没有像你们即将在未来的岁月里一起度过的那样长。你有自己做事情的方式，你也喜欢自己生活运转的方式，改变总是困难的，而退休生活给你的人际关系带来的突然冲击会让改变更加困难。昨天，你的生活还在沿着过去几十年的轨迹运行，今天，你就和你的伴侣朝夕相处在一起了，而且是永远在一起。

如果你还没有认真考虑过退休对你人际关系的影响，那你绝对应该开始认真考虑了。

退休建议 12

请不要到退休了，却还没考虑它将如何影响你的人际关系。你和伴侣在一起的时间，从来没有像你们将在退休生活中的那样长，请为此做好准备。

关于这个话题，我收到的一些好的建议来自一位名叫吉姆·埃伯林的人。我和太太当时已经结婚几年了，正期待我们的女儿在未来几个月后降生。吉姆是一个充满智慧的人，他指导我们去了解人际关系的价值。他准确地告诉我们，生活将在我们的孩子出生后发生巨大的变化。"尽管成为父母，"他说，"也不要忽视你们之间的关系。你们的孩子将成为你们生活的焦点，但这只是暂时的，你们的婚姻关系才是永久的。终有一天，你们的孩子将会离开家，而你们二位将会一起退休。尽量找时间巩固你们之间的关系，不要让孩子成为导致你们关系疏远的借口。"

这些年来，他目睹了太多随着时间流逝而褪色的婚姻，这往往是缘于生活伴侣没有将彼此之间的关系放在生活的首要位置。他毕生致力于帮助他人改善生活状况，在他作为精神导师的几十年里，与无数年轻夫妇分享了类似的建议。这些年来，他积极地影响了成千上万的家庭。他的离世，让世界上失去了一个好人，我至今依然想念他。

说到底，很多夫妻纵容他们的关系随着时间的流逝而逐渐疏远，这是一个令人遗憾的状况。退休是给你们之间关系的重要性重新定位的时候。我在第 59 页 "改变关系" 专题中给出了一些建议，其中包括一些需要考虑的事情，我建议你把改善你们的关系列为退休生活的优先事项。

退休几乎会影响你生活中的每一段关系。以前你每年都会与工作场所的人们一起相处数千小时，今后你很可能再也见不到他们其中的绝大多数了。我们都曾收到过告别期许，每个人都承诺将保持联系，但是实际上几乎没有人能做到。很奇怪为什么会是这样，但这就是现实，而且它也可能会发生在你身上。

事实已经证明，在工作场所拥有一个好朋友能让你的工作更加愉快，遗憾的是，失去了与这样一位好朋友的日常联系，也是导致退休生活变得困难的因素之一。虽然你们两位可能都有意愿保持联系，但是如果你们其中的一个人还在工作，这将是很难做到的一件事情。你可以做一些努力，而且你也应该去努力，但是你们的关系还是会发生变化。你们可能会时不时地一起吃顿午饭，但是你会发现，你不再那么关心你们交谈中出现的工作上的事情，而你的朋友也不太关心你在退休生活中的所作所为，这就是现实。

源自工作的社会关系是人们在退休以后最怀念的事情之一，它也经常是一些人在退休后重返工作岗位的原因。如果你是自己决定要在退休后重新工作的，那么这样做并没有什么错。我们将在后面的章节中更多地讨论这个话题。现在，关键是要认识到你的人际关系将发生巨大变化，而你应该为应对这种情况做好准备。

当你临近起跑线时，请认识到退休对你所有的人际关系的重大影响。尽可能早地、有意识地去拓展"退休关系"，这些关系是你在停止工作以后更有可能与之交往的关系。

退休建议 13

致力于拓展"退休关系",最好是在你还在工作时就开始进行。

拓展新的人际关系需要时间,而且应该成为你退休生活的一个重点。人际关系是你退休蛋糕糖霜的一个关键原料,但是它们不会自己产生。请不断寻求拓展你的人际关系,并刻意去建立新的友谊。以下就是一个很好的例子。

我退休的前一年,在我们退休之后居住的山区小镇的一个节日上,我偶然发现了一个"本地作家"的摊位。因为当时我是一名博主,所以我鼓起勇气走到那个摊位前,与摊主开启了一番对话。我查看了桌上当地作家写的书,注意到有几本个人财务规划的书,作者是一位名叫埃德·沃尔珀特的人。埃德当时不在,但我留下了我的名片,并从名片堆中拿走了一张他的名片。我并没有到此为止,相反,我在几天后主动给他发了一封邮件。我介绍了我自己,并询问埃德是否有兴趣共进午餐——由我买单。那差不多是3年前的事了,我和埃德自此成了朋友。我在写这本书的时候也和他共进过午餐,他给出了一些极好的建议。埃德是一个新的退休关系,我们之所以能够成为朋友,是因为我在那个节日上决定走到那个摊位前。

人际关系很重要,而且没有滋养就不会成长。请投入时间去拓展人际关系，并尽可能多地撒下种子。你永远不知道哪颗种子会发芽成长为一段关系，况且在这一过程中你还会遇到很多有趣的人。我和太太只在我们的山区小镇上住了几年，却认识了这么多人，这很令人惊讶。我们寻找机会与人们交谈并了解他们。我们很快就建议与那些看起来有趣的人一起共进晚餐，因为我们对他们的生活由衷地感到好奇。有时我们会比较投缘，有时不会，这对我们来说没有任何问题，事情原本就是这样的。

经过我们的努力，现在我们在镇上活动时，几乎很难不遇到熟人。以前我们憧憬退休生活时，会想象自己在一个小镇上生活，日常在大街上驻足，与人们聊天。我们期望成为一个相互关爱的小镇社区的一部分，那里的邻居互相认识，当你在街上溜达时，人们会打招呼说"嗨"。

这是我们用蜡笔在白墙上绘制的生活，它已经成为我们退休生活的现实。

就像人际关系一样，我们退休生活的现实并不是偶然发生的。

改变关系

退休以后，你将开始在家中花更多的时间与亲人在一起。最初，额外的相处时间是愉快的，然而，随着时间的推移，如果夫妻双方没有为他们关系的变化做好准备，这额外的相处时间可能会带来问题。

我想起了我的朋友柯克与我分享的故事。柯克在他的职业生涯中一直需要做大量的旅行，而他的太太则喜欢自己扮演全职妈妈的角色，专注于抚养孩子。他们的孩子在几年前已经离开了家，而他的太太也有了自己的日常生活。

在柯克退休几周后，他已经完成了"待办事项"清单上的大部分项目。一天，他正在家里四处游荡，而他太太则在用洗碗机。当他太太往洗碗机中放餐具时，他碰巧走到她身后，并开始质疑她放置餐具的方式。她变得非常沮丧，这件事引发了他们之间的一次"对谈"。柯克并没有批评他太太的意思，他只是做了他在工作场所一直在做的事：看到了可以做出改进的机会，并就此表达了自己的观点。而他太太认为这是对她能力的挑战，并对柯克的评论感到沮丧。这个故事是一个典型的表达额外的"相处"时间如何引发冲突的例子。绝大多数经历过退休生活过渡阶段的夫妇都有过类似的体验。柯克和他妻子的关系很好，能够及时地一起努力，顺利地度过退休生活的过渡期，而其他人就未必有这么幸运了。

> **退休建议 14**
>
> 一定要认识到退休生活给伴侣带来的变化与给离开职场的人带来的变化一样巨大。在退休前花时间交流一下你们共同的期望。

在本章的开始部分,我承诺过会提供一些建议,关于一些你在退休后为增加的相处时间做出必要调整时需要考虑的事情。以下清单尽管远远算不上完整,但是它给你列出了一些需要思考的事情。我建议你与伴侣一起阅读这个清单,并为你们向退休生活的过渡确定一些基本规则。

多交流。养成留出时间讨论退休过渡状况的习惯。一起出去喝杯咖啡,把你们的手机放下。比平时更努力地倾听,并重复你认为你听到的伴侣说过的话。在你的退休生活不断演变的过程中,想办法继续为谈话交流留出时间。有时,我和太太只是面对面坐在客厅的椅子上,放下我们的手机,保持眼神交流,然后开始交谈。

独处还是共处。讨论一下你们希望有多少时间在一起,又希望有多少时间可以去追求自己的个人爱好。一起找出你们每个人热爱的事情,并有意识地共同或独自去从事有意义的活动。

设定边界。事先约定,当觉得对方越界时,彼此可以发出提醒,分享这种"越界"给你带来的感受,并一起了解对方比较敏感的问题。

80%的法则。我记得我们刚结婚时，有人给了我一条建议。该建议的大致意思是，在80%的情况下，你应该觉得是自己在做出牺牲。如果你们两个都有这种感觉，那么事实上你们两个可能都是在大约50%的情况下做出了让步。如果你并没有感觉到自己大部分时间里都在付出，应该检查一下在这段关系中你是否太过自私了。这个建议让我铭记在心，所以我决定把它写在这里供你考量。

约会之夜。每一两个星期抽出一个晚上去约会，把它们写在明年的日历上，将这个时间专注于你们关系中积极因素的培养。和许多事情一样，你会更多地注意到你所关注的事情，要增加你对积极方面的关注，减少对消极方面的关注。

第四章

潜在的挑战

抑郁症已经被称作世界头号公共健康问题。

——大卫·伯恩斯，斯坦福大学医学院

    并不是每一个人的退休生活都很顺利，这是一个可悲的现实。我认识一些人，他们在事业上非常成功，却经历了非常痛苦失败的退休生活。我见过好人陷入绝望，见过人们因为丧失自我认知而挣扎，他们不幸地经历了多年毫无目的的退休生活。与此同时，我也看到另外一些人，他们是成功退休的杰出榜样，而我们毕生都在渴望他们那种成功的退休生活。我认为你也见到过同样的情况，并建议你思考这两种局面之间的差异。

在退休生活中取得成功的人和陷入挣扎的人有什么区别？在我们为退休做准备的时候，是否有一些教训可以借鉴，来提高我们克服这些挑战的可能性？

正如我在本书中反复提到的，我花了大量的时间去思考这种现象，并阅读了大量的资料，研究那些拥有卓越退休生活的人和那些挣扎的人之间到底有什么区别。好消息是，你可以采取一些措施来提高自己向退休生活顺利过渡并实现梦想的成功退休生活

退休建议 15

在你还在工作的时候，尽可能多地花时间为退休做准备，它是造成成功和挣扎的区别的最重要的因素。

的可能性。我发现有证据表明，造成成功和挣扎两者区别的最重要的因素是——准备。

在本书的前面，我提到了规划在准备烘焙你的退休蛋糕时的重要性。这也是为什么我把"为退休规划投入尽可能多的时间"作为退休建议的第一条，并且在这里再次重申这个建议。事实证明，要确保向退休生活的顺利过渡，你能做的最重要的一件事就是：在你还依然工作的时候，就开始思考你到底期望什么样的退休生活。意识到自己的职业生涯临近尾声，专注于当你拥有退休带来的自由时希望自己过上什么样的生活。在你工作的最后几年，少花些时间思考你的工作，多花些时间思考你的退休生活。

我希望这本书能提高你成功退休的可能性。作为任务的一部分，我们有必要讨论一下你可能面临的潜在挑战。并不是每个人都会经历这些挑战，而在那些经历这些挑战的人当中，遭遇挑战的难度和表现形式也会有所差异。如果你发现自己正挣扎于其中，本章将帮助你重回正轨。

共同的挑战：身份认知

以下是人们在从几十年的工作生涯向自我掌控的退休生活过渡时，通常会面临的一些共同的挑战。这份清单并不意在能够面面俱到，而是提供一个总结，总结了那些当你沿着退休道路前行时需要思考的挑战。

当你开始退休之旅时，需要有自主意识，并在适应新的现实的过程中，寻找机会与生活中的其他人交流。如果你有伴侣，请花些时间与其进行一些有意义的对话。你有必要了解，当人们有更多的时间在一起时，有些人会面临"银发离婚潮"的挑战。银发离婚潮是指50岁以上的人离婚率不断上升的趋势，该离婚率在过去20年中翻了一番，而同期整体的离婚率却有所下降。现在就去坦诚而直接地与对方交流吧，即使这改变了你们过去一直保持的关系。你俩要一起经历这一切，所以请培养出一种新的关系，在这种关系中，你们可以互相帮助，做出必要的调整，从而将退休过渡带来的负面影响减至最低。

抑郁

退休使人抑郁，并加速了他的死亡。

——埃兹拉·塔夫特·本森

当我离退休还有两年的时候，写了一篇文章叫《退休会让人抑郁吗？》。这是我当时对那些挣扎于退休生活的人进行研究的一个成果。我读过经济事务研究所的一份研究报告，该研究发现，一个人罹患抑郁症的可能性在退休后上升了40%。其他研究也印证了这个事实，即与工作的时候相比，一个人在退休后更可能患上抑郁症。

在我做研究期间，我发现当人们从职业生涯的有序转到退休生活的无序时，产生一点抑郁并不罕见。如果你发现自己陷于抑郁状况，请尝试用不同的方法给你的生活增加一些秩序。比如去做一些需要按日期提前预约的事情，就像我每天早上参加的健身课程；注册一些可以邮件订阅的博客和时事信息，以便你的收件箱可以定期收到有益于你大脑的健康食粮；参与慈善机构，或加入一个在当地定期举行会议的团体。建立一些秩序可以作为你在退休初期克服抑郁的第一步。

我太太在我们退休后不久就患上了轻度的抑郁症。我们将在第五章中更详细地探讨她的情况，不过她的经历与相关的研究结论相符，而这一点就已经足够说明问题了。在照顾他人25年之后，她突然发现自己在退休生活中失去了目标，而这往往是人们产生抑郁的主要原因。我不会在这里提供她的问题的解决方案，但是我建议你读一下第五章中有关她的故事。

说到第五章，这本书里有它是有原因的。在我看来，这是本书最重要的一章，我不会写一本关于成功退休秘诀的书却不包括第五章的内容。在生活中失去目标往往会把人们带入一个糟糕的境地，而找到一个新的目标通常是最有效的恢复办法。如果你发现自己在向退休生活过渡的过程中陷入抑郁，请特别关注第五章的内容，并关注在你的生活中为自己找到新的目标的重要性。

除了努力为你的退休生活培养一个新的目标外，你还可以采取一些简单的步骤，这些步骤不会像试图找到你的人生目标那样，给你带来太大的压力。研究发现，在应对抑郁症时，到室外多晒太阳是有帮助的。除了建立一些生活日常活动之外，相关研究还建议要找到一些方法来进行社交，以及与朋友进行有意义的交流。我建议把这三个建议结合起来，制定一个每周的时间表，每天到室外散步，每周至少与朋友吃一顿饭。关注积极的因素，在你需要帮助时，不要害怕寻求帮助（或太自负而不愿意）。

无聊

> 我想我永远也不会退休，我不知道我整天都能做些什么。
>
> ——佚名

是否有人曾经这样对你说过？我认为有过，因为这种情绪在达到退休年龄的人中非常普遍。很多人热爱他们的工作，担心如果没有工作带来的日常活动，他们会感到无聊。遗憾的是，即使你热爱自己的工作，无论是出于自己的选择，还是由于你无法控制的因素，未来也终有一天你将不得不退休。

即使是那些为不必工作的生活前景感到兴奋的人，也可能曾经问过自己这样一个问题："我会感到无聊吗？"我知道的人中没有几个比我更为退休感到兴奋，但我发现自己也在问同样的问题。

这种担心很正常。

退休生活并不必然意味着每天坐在躺椅上看电视这么无聊，如何安排你自由的生活取决于你自己。如果不付出任何努力提前进行规划，不培养一些其他的兴趣，你的退休生活当然有可能会很无聊。

这也经常发生。

如果它发生在你身上，只能怪你自己。也许这句话很难让人接受，但这是事实。不像在工作场合，你有一个上级告诉你该去做什么，退休生活是完全不同的。

你是自己的上级。

你制定规则，制定时间表，制定日程。难道不正是这些自由让你对退休生活感到兴奋吗？然而这可能也是你会担心无聊的原因所在：你以前从未有过这种程度的自由，你不确定自己该如何驾驭它。不要担心，在你之前已经有成千上万的人走过这段旅途，如果你学习那些对他人行之有效的东西，会获得很多经验。

为了将在退休生活中感到无聊的风险减至最低，从现在就开始寻找在退休生活中可以追求的各种新活动吧。无论这些兴趣多么微不足道，请把你想尝试各种事物的想法写下来。列一份你想要完成的人生愿望清单，突破常规，超越那些显而易见的"旅行"的想法。制定一份个人成长清单，加入一些可以在艺术上拓展自己的想法。想想那些自己一直非常感兴趣，但从来没有时间去从事的体育活动；从网上查找你所在地区的各种俱乐部，现在就注册它们的电子邮件通知列表；寻找成为志愿者的机会，并在未来某个周末去尝试其中的几个。创建一个尽可能长的清单，如果你在退休生活中感到无聊，就把清单拿出来看一看。

就我们自身而言，做的最好的事情就是在我退休前一年做了一个"退休活动罐"。我和太太每人都写了很多纸条，上面写着我们在退休后想做的各种活动。我们两人都试着在每周写出一个新的想法，但是从来没有和对方分享过这些想法。在52周后我退休的时候，我们的罐子里塞满了足够两年使用的每周活动内容，其中一半的内容对对方来说都是完完全全的惊喜。每周抽出一张纸条去尝试一项新的活动非常有趣，这让我们从来不会感到无聊。

你在退休以后会变得无聊吗？

只有你自己能回答这个问题。

毕竟，你说了算。

丧失身份认知

若你即你所为，当你不作为时，你是谁？

——理查德·莱德、艾伦·韦伯，

《生活重塑：发现你新生活的可能性》

大多数人在离开工作场所后，会感到身份认知的丧失。这是可以理解的，因为一直以来我们都是侧重于从工作的角度来回答"你是做什么的？"这个常见的问题。几十年来，工作已经定义了我们，当我们无法再自称是一名会计师、一名销售员、一名经理，或者其他什么我们赖以谋生的职业时，感到失去身份认知是很正常的。

这种现象很常见，不过随着你在退休生活中重新定义自己，你回答这个问题的不适感会有所改善。要有耐心，花些时间想想在退休以后的岁月中，你希望自己在哪方面被人们记住。你是希望以身为祖父母为荣，还是更喜欢因为创造了某些东西而闻名？是否有一个你一直专注的特别项目，是你希望人们知道的？你不再受那些曾经支付给你薪水的工作的定义，你的新身份完全由你自己来定义，这是一个令人兴奋的现实。这也可能会令人生畏，但是它值得你在退休生活中不断去追求。它不仅会改善身份认知丧失的情况，而且有助于将你塑造成你想成为的样子。如果按照正确的方式去定义自己，能够在退休以后给你带来充满目的感的生活。

自从退休以后，对于"你是做什么的？"这个问题，我的回答包含了一系列我选择用来重新定义自己的事情。我通常的回答是这样的："我选择了提前退休，我喜欢做任何我选择去做的事。我发现我喜欢写作，喜欢写我的退休博客。我太太和我还喜欢驾驶我们的房车去旅行，最近刚刚结束了一段愉快的旅行，看望了住在西北太平洋地区的女儿。"人们往往会就我的回答中引起他们兴趣的部分继续问一些问题，这对我来说完全没有问题，因为这些内容的每一条都已经成为我的一部分。

不要关注你在离开工作场所以后丧失的身份，请专注于你正在成为什么。准备好一个有吸引力的"电梯演讲"（简短而有说服力的介绍），介绍你在退休生活中都做些什么，在人们问"你是做什么的？"的时候，挑战自己，与对方进行更深入的对话。

我记得我第一次划皮划艇出海时，忘了把舵放下。我很难让皮划艇保持直线前进，直到有人指出来我的舵是朝上指向空中的。我放下了舵，我的皮划艇马上就划得好多了。就像在划皮划艇一样，当你有一个舵帮助你保持航向时，生活可以更愉快。

发现你的舵。

定义你的方向。

悲伤

悲伤分为两个部分：第一个部分是失去，第二个部分是生活的重塑。

——安妮·罗伊佩

在33年的职业生涯中，我经历过无数次公司"裁员"，通常那些没有任何思想准备被迫退休的人，往往更容易受到冲击并陷入悲伤。我在第一章中提到过，人们被迫早于规划提前退休是很常见的。在我写的一篇题为《你会被迫提前退休吗？》的文章中，我引用了沃亚金融的一些研究报告，这些报告援引的数据表明整整60%的人比原计划提前退休。这是一个令人吃惊的统计数据，它反映了这样一个现实，即生活常常会给我们的旅途设置意想不到的弯路。在健康问题、照顾年迈的父母、照顾生病的配偶，以及公司裁员这些问题上，最有可能发生的事情是你会比自己计划的更早退休。

对于那些被迫退休的人来说，经历一个悲伤的阶段是很常见的。

我们为自己的工作感到骄傲，当我们意外放弃工作时，自然会感到失落。与那些能够提前很长时间为何时退休做出规划的人不同，那些突然离开工作岗位的人，没能为退休带来的巨大改变做好准备。他们发现自己意外地脱离了工作中的朋友，失去了日常工作的可预见性。这种计划外退休的突然到来，往往会导致悲伤和抑郁。

如果你突然要被迫退休，或者经历了本章所概述的一些挑战，不要为此感到惊讶。失去工作是你一生中可能经历的压力最大的事情之一，有这样的感受是很正常的。你的安全感被动摇了，需要一段时间才能重新振作起来。给自己一些时间过渡，把失业看作一个暂时的挫折。也许落到这种境地让你感到无奈，但你可以选择自己未来的道路。

要抑制逃避社会交往的冲动，由于失业会带来尴尬，这种冲动很常见。与他人互动是克服你正在经历的悲伤的非常重要的一环，所以在处理你的困境时，要首先去联系那些你可以倾诉的人。找一个可以一起锻炼的朋友，即使只是在你家附近散步。当你应对悲伤时，新鲜的空气、锻炼和社交都会有所帮助。

如果你真的不准备退休，那么另外找一份工作也没什么错。不幸的是，随着年龄的增长，工作会越来越难找，认识到找工作可能需要费些功夫是非常重要的。不要把自己限制在一条路上，相反请尝试多条路。要考虑到你可能永远再也找不到你被迫离开的那类工作，并诚实地面对自己拥有的选项。在你思考什么对你真正重要，以及你想如何度过余生的同时，可以考虑从事一些兼职工作。在找工作的同时，也可以参与一些慈善工作，从而为你的生活提供一些社交和善意。专注于做一些给你带来目的感的事情，并将你的境遇看作一个机会，去把自己的生活变得更好。

应对挑战：主动出击

每天都有大约一万名"婴儿潮"一代的人年满65岁，他们中的很多人会在向退休生活过渡中遇到困难。当你阅读这些主动出击的方法时，请选择几个引起你共鸣的方法尝试一下。

首先，如果你还没有退休，请在退休前尽可能多地花时间思考你期望什么样的退休生活。再强调一次，这是那些拥有卓越退休生活的人与挣扎的人之间最大的区别。你为退休规划付出多少努力与你能否向退休生活成功过渡之间有着很强的相关性。尽早开始建立工作之外的生活，并随着退休日期的临近，不断强化这些外部的兴趣。请考虑用其他的方法去替代你目前在工作中获得的社交与自我价值，并在你工作的最后几年里有意识地去丰富这些方法。

如果你已经退休了，尽量不要纠结于这样的事实，即发现向退休的过渡与你预期的不同。正如第三章所提到的，在你自己亲身经历之前，根本没有办法知道这种过渡会是什么样子。当你迈出走下自动扶梯的第一步时，你需要调整自己的步伐。类似的，当你离开工作场所时，也需要对你的生活进行一些重大的调整。你当然不是个例，很多人在你之前遭遇过困难，不过他们随后找到了通往卓越退休的道路，你可以从这一事实中获得信心。有很多专业人士可以帮助你应用其他人使用过的经验教训，所以不要犹豫，你可以依靠他们来帮助你理清事情的头绪。这是一种全新的体验，调整需要一些时间是很正常的。

放轻松，给自己一点时间来适应你的新生活。在前方有几十年的美好生活等待着你，所以慢慢去感受你的过渡之旅。以下是帮助你平稳过渡的一些建议。

保持活跃

想办法让你的大脑和身体都保持活跃。安德鲁·威尔博士对此做过相关的解释："人体是为了从事定期的体力活动而设计的，而大多数现代生活方式需要久坐的特性可能是导致当今抑郁症大规模流行的重要原因。许多研究表明，坚持有氧运动治疗的抑郁症患者获得了与那些接受药物治疗的患者相同程度的改善。"找一个每天可以与你一起散步的朋友，加入当地的健身房或徒步旅行俱乐部，到室外去，沐浴一些阳光——你已经赢得了这个权利。不要落入电视的陷阱，那样做很可能会弊大于利。当身体健康的时候，你的感觉会更好，而且随着年龄的增长，身体健康会让你受益良多。如果你从来没有认真地去照顾自己，现在是时候开始了。

加强社会关系

主动联系他人，不要独自承受痛苦。安排时间去看望你的孩子们，或者主动帮忙照看你的孙辈。找一群朋友，每周和他们一起吃一次早餐，谈谈你在退休过渡中都在做些什么。重读第三章，并考虑如何巩固自己与伴侣的关系。如果谈论你正在经历的事情有困难，请预约你的医生或者考虑在线咨询。

寻找一种新的目的感

我们将在下一章中更深入地探讨这个话题，但是非常重要的是，你需要去寻找一些东西来替代工作曾经给你带来的意义。多关注别人，少关注自己。想办法帮助别人给你带来的满足感，将有助于你向退休生活的过渡。想办法慷慨地利用你的时间，参与当地的慈善机构，或者支持你内心认同的事业。

专注于你的心灵

现在你已经摆脱了以前工作的束缚，你可以花些时间进行内省，并思考一些更重要的事情。试着每天花一些时间祈祷、冥想或反思，专注于那些永恒的事情，将有助于你用正确的方式看待你当前遇到的困难。我们都应该明智地听从布恩·皮肯斯[①]在去世前不久写下的忠告："要对精神世界、人性和自己充满信念。这种信念将帮助你度过我们所有人都将遭遇的黑暗岁月。"

---

① 布恩·皮肯斯是被誉为"石油先知"的美国对冲基金创始人、慈善家。——编者注

实现你的梦想

想想你一直希望做的事情，制订一个计划去落实。我们永远不知道我们的健康会保持多久，所以当你还有机会的时候，做一些"大"事情。考虑去进行你一直梦想的那个旅行，或者学习你一直想演奏的那个乐器。利用新获得的自由为自己做些事情，享受去做你一直想做的事情给自己带来的兴奋感。

制定时间表

失去了工作提供的秩序往往是导致在退休的过渡阶段遇到困难的原因。尝试用不同的方法来为你的每一天建立新的秩序。正如我在第三章中提到的，我发现如果我在一天的早些时候进行一些计划好的锻炼，而下午进行一些没有计划的活动，会感觉更好。也许你更愿意每周安排几天做一些有规律的活动，比如从事慈善工作。不要一成不变，要乐意改变，直到你发现适合自己的东西。

退休建议 16

如果你正在为向退休过渡而苦苦挣扎，不要犹豫去寻求帮助。有些人毕生致力于帮助他人，让他们来帮助你。

没有什么比让别人来告诉你"放松点，一切都会好起来的"更令人沮丧了。有时候，现实是你变得越来越差而不是越来越好，而且你发现自己无法独自去解决问题。如果不采取措施，你的症状可能会更加严重，并导致真正的危机。

一些更加严重的问题的表现包括：

- 持续感到悲伤、沮丧或空虚。
- 早上起床困难或长期疲劳。
- 发现对自己曾经喜欢的东西不再感兴趣。
- 睡眠困难。
- 更易怒、烦躁或焦虑。
- 食欲缺乏或体重大幅增长。
- 思考或决策困难。
- 丧失自尊。
- 感到毫无价值、无助、内疚或绝望。
- 思考死亡或自杀。

如果你发现自己陷入了更严重的抑郁或其他个人困境，不要犹豫去寻求他人帮助。关于寻求帮助的价值，请阅读下面的专题以获得更多的思考，去联系那些毕生致力于帮助他人渡过难关的人。无论你做什么，请不要默默忍受，如果你需要帮助，请寻求他人帮助。

寻求他人帮助

乔·鲁博是我高中时的生物老师，他是我遇到的最好的老师之一，我永远记得他40多年前教给我的重要一课。我们刚刚实地考察了一家精神病医疗机构，目睹了精神疾病问题可能给一个人的生活带来的毁灭性影响。医院允许我们进入一个病房，并与几个病人交谈。我至今记得一位中年妇女，她骨瘦如柴，在混乱的焦虑中无休止地咆哮着，现在我还一直在想那个女人到底经历了什么。

这次访问让人感到震惊和沮丧，但它也让我学到了人生中最重要的一课。

第二天回到教室，鲁博先生发表了一段评论，直到今天依然让我记忆犹新。"如果你在实地考察中没有学到其他的什么，那么我请你记住这一点，"他说。"每个人都将在生活中遭遇困境，这是生活不可避免的一部分。重要的是你要认识到这样一个现实，即出现困境是正常的，而你遇到问题这件事本身并没有什么错。更重要的是，你永远不要把自己的问题留给自己。如果你遇到了严重的问题，不要犹豫，去寻求帮助。有很多人毕生致力于帮助他人解决他们面临的问题。记住你昨天看到的，永远不要犹豫，去寻求帮助。"

> 我们谈论退休生活的挑战这一现实是非常重要的。如果你发现自己在向退休生活的过渡中遭遇到困难，请聆听我多年前从鲁博先生那里学到的人生教训。
>
> 如果你在处理人生中最大的一个转变时遇到困难，不要太自负而不愿去寻求帮助，而要毫不犹豫地去寻求帮助。鲁博先生在30多岁时死于癌症，我很遗憾他没能活着读到这些文字，没能了解到他给我带来了伴随我一生的影响。你不是为了我，也不是为了鲁博先生，而是为了自己。如果这些话能够让你产生共鸣，那我们都应该感谢鲁博先生。鲁博先生，如果有什么方法能够让你读到这段文字，我要为我人生中学到的最重要的一课向你表示衷心的感谢。
>
> 倘若你需要寻求一些帮助，发一封电子邮件，或者打一个电话，请务必现在就去做。

21世纪的挑战

21世纪的退休生活不同于我们的父母和祖父母们曾经面临的状况，丰厚的养老金和雇主为退休人员承担医疗保险的时代已经一去不复返了。虽然我们面临着一些独特的挑战，但是我们也应该客观地认识到，当今的科技为我们提供了之前几代人根本无法想象的机会——免费的在线教育，无人驾驶的汽车，视频聊天……

现实的情况是，和过去退休的人一样，在现今世界退休的人既有有利因素也有不利因素。我们面临的挑战似乎比我们的前辈面临的更为严峻，但是我们也非常幸运，生活在一个科技进步给我们的生活带来实质性改善的世界。话虽如此，让我们来看看作为21世纪的退休人员，将面临哪些隐形挑战。

医保

对于那些在美国生活的人，医疗保险可能是其在考虑退休生活时面临的最大挑战之一。尤其是如果在65岁之前退休的话。对私人医疗保险的不信任常常被认为是人们决定继续工作的主要原因，直到他们65岁有资格享受联邦医疗保险为止。就我个人而言，想到人们仅仅是为了医疗保险而选择继续工作，会非常沮丧，我建议你考虑一下其他的选择。不过我也是一个现实主义者，我了解很多人没有其他可行的选择。这是一个严峻的问题，一个可能会延续多年的问题。

就我自己而言，尽管还需要再购买10年的私人医疗保险，我还是在55岁时就退休了。当我在制定退休支出预算时，我将医疗保险费用保守地估算为每月2 500美元，每年按照5%的通货膨胀率调增。鉴于退休规划中医疗保险部分存在的巨大风险，我想保守地估算医疗保险费用。当我们积攒了预计必须支出30倍的投资储蓄后，其中包括了高估的医疗保险费用，我们做出了退休的决定，而无须担心依然存在的医疗保险的风险。

科技

科技在不断发展,很多人发现自己在离开工作场所后不久就与最新的科技成果脱节了。我们都知道,一些老年人对电脑感到畏惧,而我们自己同样也面临着落伍的风险。

挑战自己,跟上科技变化的步伐,寻求那些能够改善我们退休生活的科技成果。可以通过有意关注科技头条新闻而不是避开这些话题,让自己掌握最新的资讯。或者寻找免费的教育机会,例如,你是否知道可以在当地的苹果商店参加免费课程?苹果公司为不同技术水平的人提供免费的互动实践课程。如果你对某个话题感兴趣,可以上网搜索相关资料,就能马上开始学习一项新的技能。还有一些网站提供免费的在线课程,许多课程来自知名大学。与其被科技吓倒,不如把它看作一个挑战自己的机会,让自己在退休的岁月里持续成长。

我的退休愿望清单中有一项是教会自己如何编辑视频。我对视频编辑一无所知,但是我想挑战一下自己,学会一个可以在退休生活中使用的技能。我买了一些视频编辑软件,在优兔(YouTube)上搜索到一些教学视频,它们能告诉我该如何开始。我可以自豪地说,我现在有一个优兔频道,上面有一些我们驾驶房车横穿美国旅行时的视频。我还为我太太的非营利组织(自由的狗)创建了一个优兔频道,我已经上传了几段我们为本地区低收入家庭提供免费狗围栏项目的视频。

> **退休建议 17**
>
> 永远不要停止学习。将科技视为个人成长的一种手段，并在退休岁月中寻找持续学习的机会。

只有你能决定自己如何看待退休期间发生的科技变化。你可以选择无视它们，从而落后于时代；或者可以寻找机会，利用科技所带来的一切改善你的退休生活。我选择了后者，并建议你也这样做。永远不要停止学习。

金融环境

美国的文化正面临着自南北战争以来从未有过的分裂程度，这在社会层面上是令人担忧的，同时也是我们在进行退休规划时需要考虑的一个挑战。随着这种政治风向的持续，现实情况是，我们的退休生活可能会受到各种文化因素的严重冲击。世界各地的政府在各种旨在帮助退休人员的计划中承担了大量的义务，但如果我们认为这些政府计划不会因为受到日益增长的文化不满的影响而面临一些风险，那我们就太天真了。

例如，联邦医疗保险和社会保障这样的计划，可能会受制于更多的"经济状况调查"法规的管辖，拥有更多财产的人可能需要补贴拥有较少财产的人。如果你成功地为自己的退休蛋糕积攒了很多鸡蛋，请务必认识到你可能会受到影响。2018年，上述两个计划消耗了联邦计划支出的45%，"婴儿潮"一代退休人数的不断增长将给这些计划带来更大的负担，有可能使这些计划面临更加严格的审查。

2020年，美国社会保障的总成本自1982年以来首次超过社会保障的总收入。目前的预测是，2035年以后，只有75%的社会保障支出由既定的税收收入来支付。未来的退休福利可能会减少，或者未来的就业人员可能会承担更高的成本来支持社会保障计划。在我和太太的退休规划中，我们只把"承诺"的社会保障福利收入的75%计算到我们的退休现金流中，以确保我们为可能出现的法律变化或经济因素影响未来福利收入的情况，建立一些缓冲。我建议你在自己的退休规划中也增加一点缓冲。

日益增长的对收入不平等的担忧，可能会导致相应的立法，个人所得税率也可能会上升，因为政府需要寻求额外的收入，以抵销为各种计划提供资金导致的不断增加的成本。随着你的税前收入开始受到第二章中提到的最低提款要求的影响，你很有可能会按照比目前更高的边际税率缴纳个人所得税。

在当今的金融和政治氛围下，请及时了解上述因素以及其他因素。我建议你阅读上述计划的受托人年度报告，以随时了解可能会影响你退休生活的事态发展。

第四章　潜在的挑战

如果丧失行为能力了怎么办？

我们没有人会永远生活在这个地球上，在未来的某个时刻，你将会离去。从现在到那个时刻，你有很大可能会面临严重的健康问题，导致你丧失行为能力。也许你在将来会罹患阿尔茨海默病，并因此而丧失管理自己生活中所有事情的能力。尽管这个想法有些极端，但是我们最好开诚布公地面对退休晚年的现实，并在我们还有能力的时候就搞清楚哪些选择是可行的。

当我们思考退休生活中的隐形挑战时，如果没有包括这一部分内容，讨论你应该如何为将来有可能丧失行为能力进行规划，那将是不负责任的。幸运的是，有很多办法可以应对这些情况，并且我建议你采取必要的步骤，保护你自己和你的家人免受你可能遭遇的变故带来的影响。

以下是三份你现在应该准备好的法律文件，如果你尚未准备好的话：

遗嘱。每个人都应该有一份遗嘱，它本质上是一份文件，写明你死后谁会得到什么。如果你不先立一份遗嘱，美国州政府将会在你死后介入，并根据本州的法律进行财产分配。你还应该选择一位遗产管理人，他将负责处置你的遗产。如果你超过5年没有更新你的遗嘱，请在日程表上添加一个提醒，在未来几周内就更新它。

生前预嘱。这份文件通常叫作医疗护理指示，它列明了你希望和不希望采用的延续生命的治疗手段，以及你对其他医疗决定的态度（例如器官捐赠）。如果没有生前预嘱，医生会尽其所能采用各种方法延续你的生命，包括使用生命支持技术（比如上呼吸机、管饲、心肺复苏等），而这可能违背你自己的意愿。

授权委托书。你在授权委托书（POA）中指定的人员，在你不再有能力做出合理决定的情况下，拥有代表你做出各种决定的法律权利。医疗授权委托书会授权另外一个人代表你做出医疗决定，财务授权委托书会授权他人处理你的财务事务。你应该准备好这两种授权委托书，并且它们应该是持久委托书，这样才能确保委托书在你丧失行为能力后依然有效。

你还应该检查你所有的金融账户，以确保你的受益人（你指定的在你死后接收你财产的人）信息及时更新，并且与你遗嘱中表明的意愿相符。当你在办理此事时，请确保你已经把你的账户设置成合适的架构，以便在你死后，可以直接将其让渡给受益人，而不必经过遗嘱认证程序。我和太太把我们的账户设置成联名账户生存者获得权（JTWROS），这是一个标准的称呼，即联名账户其中的

第四章　潜在的挑战

一方如果过世，另一方自动获得联名账户的所有权益。最后，请确保你已经找到了一位合适的管理人，可以代表你行事。

退休建议 18

花时间安排好适当的法律保护措施，并抽时间与家人讨论你的遗嘱。

几年前，当我们在家过圣诞节时，我父亲安排了一次与他的律师的会面，让我们大致了解他已经准备好的法律文件。我们很欣慰地了解到，我父亲已经做好了一切准备，去应对可能出现的各种情况，这是一个很好的进行对话的例子，而且我们每个人都应该与家人进行这种对话。我为我父亲处理这件事情的方式感到骄傲，而且能在我们那次会面后告诉他这一点，让我感觉很好。如果你还没有和你的家人讨论过你的遗嘱，请安排一个日子，把你遗嘱的内容交代给家人，并确保他们有相关文件的副本来以防万一。

第五章

拥抱个人爱好,
打造理想退休生活

你生命中最重要的两个日子，一个是你出生那天，另一个是你明白自己为何来到这世上那天。

——佚名

我第一次注意到他的"二战"老兵帽，是我在巴黎登机的时候，那是我职业生涯中最后一次国际商务旅行。当这位90多岁的老人在前面距离我只有6排的座位上坐下时，我知道我得想办法在返程的飞机上和他聊一聊。飞机在大洋上空平稳地飞行，我走上前去，跪在他身旁的过道上，感谢他为国家做出的贡献，并问他是否介意我问他一个简短的问题。"当然不介意，"他笑着说道，"我在接下来的几个小时里，没有什么其他事情要做。"结果这个简短的问题变成了一段45分钟的精彩对话，并且我会在我的余生中一直铭记。

为什么爱好和目标是打造成功退休生活的关键

为什么我要在飞机上问一位年长的陌生人一个问题？他是我的"一个退休问题"项目的最新的参与者，这个项目是我退休前几个月在博客上发起的一项倡议。事情的开始非常偶然，当时我与一对正在享受美好退休生活的老年夫妻聊天，突然萌生了一个想法，并立即决定马上把它付诸实施。在征得他们的同意后，我掏出了手机，打开录音，问了他们一个问题："**如果你有机会给一个还有30天就要退休的人一个建议，这个建议会是什么？**"

我得到的答案告诉我，找到爱好或目标，是你为成功的退休生活所能做的最重要的事情。我所采访的退休人员代表着累计超过100年的成功退休生活经验，他们都触及了同一个重点：所有建议都与目标有关。没有一个受访者听到过其他人的回答，但是他们都给出了类似的建议。这种一致性非常令人吃惊，它使我确信，找到爱好才是成功退休生活的真正秘诀。

以下是其中的一些回答：

尝试每天完成一个目标，要有一个目的。

——史密斯夫人，76岁

每天都要有长期目标和短期目标，让你在身体上和精神上保持活力，做一个实干家。

——父亲，84岁

无论在身体上还是心理上，都要时刻保持活跃。

——唐·马修斯，90岁

对一些事情充满热情，并尽可能地拓展这种热情。

——卡尔叔叔，79岁

尽情投入，享受你人生的新篇章吧。保持忙碌，不要停止。

——柯蒂斯，82岁

保持忙碌，保持快乐。

—— P.R.，94岁

找到在退休生活中可以去完成的有意义的事情，才是"退休蛋糕上真正的糖霜"，我认为这一章是本书最重要的一章。我总是寻找机会向前辈学习，在进行我的"一个退休问题"项目期间，我从采访过的年长的智者那里学到了很多东西。在该项目之后的调查研究中，追求有意义的活动这一主题不断地作为成功退休生活最重要的秘诀之一而被人们反复提及。

多年来，我们没有自由去做我们非常关心的事情。工作场合的需要和与薪水挂钩的金手铐束缚着我们，在让我们尽职地完成工作的同时，也一直在不断地分散着我们的注意力。我们一直在攒钱，只是为了等待我们人生中的那个时刻，到时我们可以自由地做自己想做的事。等着熬过那痛苦的通勤，等着熬过又一场无聊的会议，等着……

现在等待结束了。

退休是一个新的现实，也是我们一直在等待的时刻，所有那些与赚钱相伴的约束都成为过去。不再需要赚钱的影响比表面上看起来要大得多，无须为报酬而工作，我们就可以自由地追求生活中真正重要的事情——那些能带来真正满足感的事情，那些能给我们带来自我价值的东西，那些能带来意义的事情，这才是成功退休生活的关键。

自孩提时代以来，我们第一次不再把经济动机作为我们做事的考量因素。没有了赚取薪水的需要，你在退休生活中的行为动机与过去几十年的行为动机不再相同。弄清楚你将要做什么，以及为什么要做，是你在退休生活中必须关注的事情。如果按照正确的方式去做，接下来的几十年将是你人生中最美好的时光。

如何才能做到"按照正确的方式去做"？什么才是那个可以增加你拥有成功且有意义的退休生活的可能性的关键因素？如果你相信那些回答"一个退休问题"的人，这非常简单。现在你有了更多的背景信息，我建议你回过头重新去读那些回答，很有启发，是不是？

爱好意味着我们的行为是由比金钱更重要的东西驱动的。找到爱好意味着找到你深深喜欢的事情，然后把自己的精力投入其中，看看它会把你引向何方。这才是真正的生活，这才是你一直等待的生活。爱好非常重要，有证据表明，发现你的爱好甚至可以延长你的寿命，降低认知衰退的风险。

退休建议 19

与其琢磨如何寻找你的爱好，不如问问自己："我能用我的时间做哪些重要的事情？"把你的精力投入对你而言非常重要的事情上，才是你退休蛋糕上真正的糖霜。

在我们工作的岁月里，我们被迫去做一些我们并不怎么关心的事情。现在我们已经实现了经济独立，有一定的机会去追求那些给我们的生活带来更深层意义的东西——那些动机比金钱更重要的事情，那些让我们可以享受回馈他人和优先考虑他人的事情。

现在是从成功迈向卓越的时候了。

我们穿行在那个白色的房间里，一天天接近永恒的出口。对你来说什么才是最重要的事情？你打算在那些墙上画什么？这是你在退休生活中可以向自己提出的最重要的问题。不要在以后回顾自己当初是如何回答这个问题的时候，才发现充满了遗憾。

说到遗憾，我读过的最让我震撼的东西之一是邦妮·韦尔的一篇文章，她是一位临终关怀护士，写了自己与临终病人的经历。她说，人们在生命的最后时刻会获得"异常清晰的洞察力"，相似的旋律一次又一次地出现在人们最后的日子里。

当我们进入退休阶段时，人们临终前最后悔的5件事值得我们认真反思。当你思考如何利用退休带来的千载难逢的机会时，先想想其他人曾经后悔没有做什么，然后现在就采取行动，以免自己在临终时抱有同样的遗憾。

1. 我希望当初我有勇气过自己真正想要的生活，而不是别人期望我过的生活。
2. 我希望当初我没有那么努力地去工作。
3. 我希望当初我能有勇气表达我的感受。
4. 我希望当初我能和我的朋友保持联系。
5. 我希望当初我能让自己过得更快乐。

退休生活是一个按照你自己的意愿去生活的阶段，需要靠你自己来实现。

如何实施

你还记得当你是个孩子的时候，学期马上就要结束时的情形吗？你很可能并没有为暑假做太多的计划，但你自由了，有什么好担心的？夏天终于到来了，你期待着在接下来的几个月里做你想做的任何事。自由！

如果你像我一样，那么到7月中旬的时候你就会感到无聊了。

退休就像是一个持续多年的暑假，我们不能够冒险，让无聊破坏我们最后一个暑假，这会让我们遗憾终身。让我们从童年的经验中汲取教训，这次采用不同的方式。真的，这一次真的很重要。

让我们讨论一下你可能需要考虑的一些实际步骤，这些步骤对我来说很有效，我希望它们能在你决定如何度过自己的退休岁月时，为你提供一些参考。

致力于规划

退休与我们童年的暑假不同，那时你只是在放假前花点时间想想暑假你要做什么。你会注意到，这是我第三次提到规划的重要性，这是有意为之的，规划是决定你退休生活走向的最重要的因素。

从实际的角度来看，可以考虑大约在退休前一年进行一次"模拟退休"实验。就我个人而言，我是在感恩节假期期间进行的。我延长了假期，额外又休息了一个星期，假装我已经退休了。我克制住了试图查看电子邮件的冲动，和我太太利用这段时间思考我们期望过什么样的退休生活。这是我第一次开始认真地思考退休生活的目标。在你的模拟退休实验中，花些时间思考以下这些问题：

- 当工作不再是强制性的，你的生活会是什么样子？
- 你将如何使用你的时间？
- 什么事情能为你提供生活的目标？

花时间为你如何度过你的退休生活制定指导方针

在我退休前的3个月，我制定了一份指导清单，列明了我希望如何度过自己的退休生活，我把它贴到了办公室的墙上。以下是我想到的内容：

- 要有感恩的心。
- 怀着慷慨的心给予他人帮助。
- 追求爱好。
- 保持平衡。
- 不承担任何义务。
- 尝试新事物。
- 照顾好自己的身体。
- 对变化保持灵活性。
- 珍惜朋友和家人。
- 玩得愉快。
- 铭记永恒。

经过了这么长时间后再去回顾我当时的清单，我很高兴我那时优先选择了这些内容作为我退休生活的指导方针。我相信，当你临近退休时，有意识地决定让自己保持积极的态度，是你能做的最好的事情之一。我也很高兴，在我真正了解追求爱好的意义之前，我就认识到了它的重要性。我建议你制定一个清单，列出你需要优先考虑的事情，并养成一个习惯，随着退休生活的深入不断地去回顾它。

开始尽可能多地尝试新的活动

找到个人爱好是一件不太容易的事情，最好是通过机缘巧合来实现。当你尽可能多地去尝试时，总会成功。对我来说，通过尝试成为我的爱好的一件事情就是写作。如果你在几年前问我，我绝不会把写作纳入退休后能给我带来意义的事情的范畴。然而，现在我过着退休生活，写作成了赋予我存在理由的一项活动。我很难描述我从读者的定期反馈中所获得的满足感，他们反馈我给他们的生活带来的积极影响。我对他人产生了影响，我持续写作以回馈他们，我找到了一些能够在精神上激励自己的东西，我很开心。

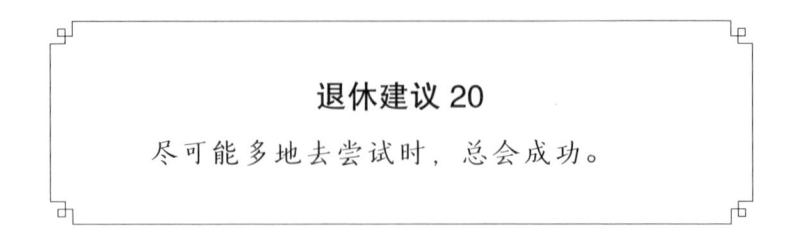

退休建议 20

尽可能多地去尝试时，总会成功。

对我来说，尝试成功的是写作；对我儿时的朋友大卫来说，是重拾儿时对摄影的热爱；对你来说，很可能是别的什么。无论如何，我所遵循的简单方法适用于任何人。

在我退休前三年，我太太周末和一个朋友出去旅行。周五下午在她不在家的时候，我写了一张清单，列出了我想要完成的事情。在那张清单上有三个简单的字，将我带到了我从未梦想过的地方："写博客。"一切都从迈出第一步开始，想想你感兴趣的事情，决定你需要做的第一步，然后就去尝试。

要认识到大部分事情都不会有结果。这是整个过程的一部分，所以请学会享受这个过程。我尝试了很多东西，但只有少数能带来真正的意义。想得天马行空一些，把能想到的东西都写下来。

我曾经认识一个人，他后来自杀了，这是我一生都无法抹去的记忆。我知道把这些写在这里会让人触目惊心，但是我从可怕的事件中得到了一个适用于这里的教训。当时我23岁，作为一名新的销售培训生参加了为期8周的戴尔·卡内基（Dale Carnegie）课程。在上课的第6周，我注意到我的同学鲍勃不见了，于是询问他去了哪里。教练说："鲍勃昨晚自杀了。如果可以的话，我想跟你们说：我喜欢把生活想象成一个轮子，你生活的所有方面都可以用辐条来代表，有信仰、家庭、金钱、工作、人际关系等。我们生活中的所有元素都是车轮上的辐条。不幸的是鲍勃有一堆不规则的辐条，他的轮子无法正常地滚动。"这些话令我非常震撼，并且从那以后一直影响着我。

查尔斯·霍布斯在《时间的力量》(*Time Power*)一书中也写下了相关的文字。他认为，平衡的生活有以下6个组成部分。

1. 精神：你想成为什么样的人？你对永恒有什么看法？
2. 社交：你主要的人际关系是什么？你想在这些关系中实现什么目标？
3. 专业：你想在工作中取得什么样的成就？你想做什么？
4. 身体：你是否正确对待你的健康、活动和饮食？
5. 知识/文化：你想如何来充实你的头脑，用什么来充实？
6. 财务：你将如何用自己拥有的金钱来实现你的其他目标？

当你考虑想要尝试的事情时，请追求那些代表你生命之轮上所有辐条的领域，并专注于保持车轮良好的平衡性。评估一下你的价值观和目标，列出你在退休生活中需要优先考虑的事情清单，如慈善、信仰、家庭和兴趣。想想你小时候想做的事，想想那些影响过你的人，挑选一些对你来说最重要的事情，弄清楚你在这些方面需要做些什么。然后，简单地迈出第一步，看看它会通向哪里。

退休建议 21

努力为生活中所有的辐条去发展爱好。当所有的辐条长度相同时，车轮滚动得最好。

在你发展新的爱好时,请为自己在每一个领域设定目标,监督你的进展情况可以给你提供以前从工作中获得的动力和秩序。例如,如果你决定开始徒步,请挑战自己,为自己设定每周需要达成的里程目标。找一些乐趣,不断寻找新的方法,去完成生活中那些激励你的领域。保持开放的心态,尝试任何给你挑战、让你参与、给你回报的事情,发现你在工作中错过的东西,然后在你的生活中开辟新的领域来满足这些需求。

如果你发现自己渴望社会交往、自我挑战或使命感这些工作曾经带来的东西,可以考虑回去工作,或许用兼职的方式。在我的文章《取消退休:真相》中,我引用了一个事实,即有25%的人会"取消退休",而他们中的大多数这样做并非出于经济原因。在《胜利圈退休》(*Victory Lap Retirement*)一书中,迈克·德拉克、罗布·莫里森和乔纳森·切夫罗用了一个类比,把退休比作赢得比赛的运动员在赛后绕场一圈的胜利圈。我可以想象这样的画面,在一场纳斯卡赛车(NASCAR)比赛后,获胜者挥舞着旗帜绕着跑道缓慢行驶。与比赛本身相比,胜利圈跑得更慢,目的也不相同,而且它给获胜者带来了独特的奖励。

摆脱财务的约束,为你打开了一个充满机会的世界,可以在那些白色的墙壁上画你选择的任何东西的机会,给世界带来改变的机会。

真正生活的机会。

这才是蛋糕上的糖霜,真的。

学习他人的成功

如果你查一下"退休"的定义，会找到"避免行动或回避危险"的表述。在我看来，这与退休应有的含义完全相反。我更喜欢把退休看作"蜕变"，这意味着我们需要给车辆换上新轮胎，以适应前方不断变化的路况。"蜕变"的美妙之处在于，你可以选择任何你想要的轮胎，并把它们装到你在退休生活中想成为的任何"汽车"上。我会为我全新的四驱吉普车选择又大又宽的泥地轮胎，这是在我们退休小屋周围的山间漫游的最佳选择。对你来说，则可能是给你的奔驰车换上适合夏季的子午线轮胎，以便可以安静平稳地在高速公路上行驶，或者可能是给你的1963年产分体窗口敞篷跑车换上光面赛事轮胎。

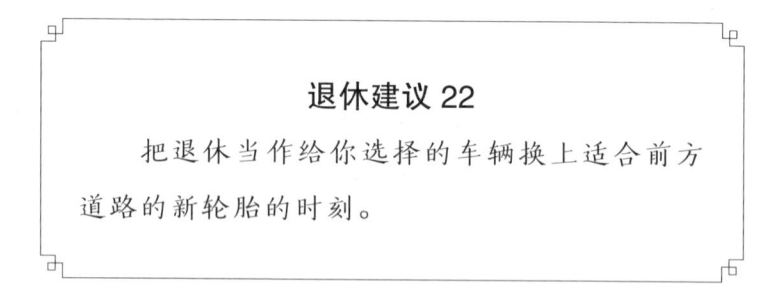

> **退休建议 22**
> 把退休当作给你选择的车辆换上适合前方道路的新轮胎的时刻。

当你考虑需要给你的车换上什么样的新轮胎时，有必要看看其他人是怎么做的，那些人已经成功地弄清楚了如何有目的地更换轮胎。至于如何正确地做这件事的具体案例，我将在这里重点介绍一个与我至亲的人。让我们一起看看我的太太——杰姬，和她最近创办的一个名为"自由的狗"的非营利组织。

"自由的狗"的故事

根据我的经验，我劝你永远不要低估退休对配偶产生的影响。我太太和我本以为我们在整个退休这件事上的看法是一致的，直到生活给我们出了一个难题——在我们决定退休之后3个月，杰姬的妈妈去世了。

她母亲的过世教会了我们一些东西。从1994年我们的女儿出生那天起，我们就商量好了，杰姬会做一名全职妈妈。当我们的女儿高中毕业去上大学时，杰姬的母亲搬来和我们一起居住，因为她患有痴呆症，不能再独立地生活了。在接下来的4年里，我的妻子成为她母亲的全职护理人，之后她的母亲搬到了一家疗养院。杰姬会去看望她，每周五次或者更多，并非常认真地履行着她作为护理人的角色。

这一切都随着她母亲的去世而改变了，我太太发现自己有点不对劲。事后看来，我们明白那是因为我太太原本的"工作"是照顾他人，而现在她的"工作"突然间消失了。由于对自己的"退休生活"毫无准备，我太太陷入寻找新目标的挣扎中。她开始出现轻度抑郁症状，我们经历了几个月的艰难时期。用她自己的话来说就是："我对那种漫无目的的漂泊的感觉实在是没有任何思想准备。"

有一天，她看了一集由迈克·罗维（Mike Rowe）主演的电视系列剧《报答恩情》(Returning the Favor)。迈克在剧中提到了俄勒冈州一个名为"小狗的围栏"的非营利组织，该组织为那些用链子拴狗的低收入家庭建造免费的围栏。我太太一生喜爱狗，当时一道亮光划过她的脑海。"我应该在这里做同样的事情！"她说。

她迈出了第一步。她联系了"小狗的围栏"，并解释说她想在佐治亚州北部的山区建立一个类似的慈善组织。在该组织的指导下，她开始实施她的想法。在几个月的时间里，她成立了一个非营利组织，建立了一个网站，组建了一个董事会，开立了一个银行账户和邮箱。

迈出第一步后的短短3个月，我们就已经开始建造我们的第一个围栏了，从那以后就再没有停止过。消息很快在我们这个山间小镇传开了，人们的反响异常热烈。许多人都为项目进行捐款，还有很多人帮助建造围栏。她最近给我们本地的动物保护协会的委员会做了一个报告，因为他们正在讨论一些合作的机会。

更重要的是，我太太有了一个目标，她从未像现在这样精力充沛。她为自己找到了新轮胎，她给世界带来了改变，她玩得很开心。最近甚至有一家杂志对她进行了报道。她跳出了自己的舒适区，面带微笑，迎接挑战。

寻找给世界带来改变的方法，帮助改善他人的生活。

然后迈出第一步，你会惊讶于之后发生的一切。

个人挑战

鉴于退休生活中爱好的重要性，我将以一个小小的个人挑战来结束这本书。我将分享我在过去5年多的博客生涯中学到的一个秘密技巧，它适用于你人生的所有领域。作为与你分享这个秘密的交换，我会要求一些东西作为回报。我现在给你布置一些作业。作为一个挑战，我建议你应用我在退休建议23中提出的理念，然后在你觉得自己已经完成了任务的时候随时向我报告。

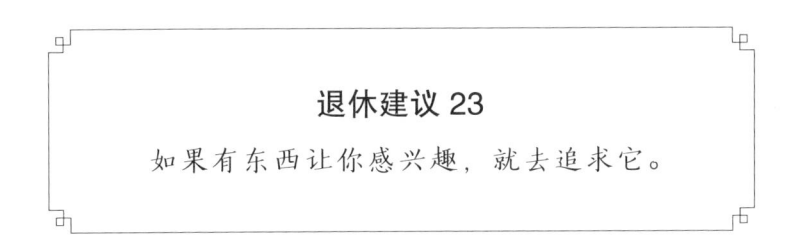

> **退休建议 23**
> *如果有东西让你感兴趣，就去追求它。*

这个建议看起来很简单，但就像生活中的大多数事情一样，它有点类似于洋葱，剥去表面几层，简单的建议可能会变得出奇地复杂。你的家庭作业是写一个关于"退休生活中的爱好"的个人案例报告。假设你对这个主题感兴趣，并决定接受任务。下一个简单的步骤就是在网上搜一下这句话，并开始阅读搜索结果。在几秒钟内，你将有数百万个结果需要处理。你已经迈出了第一步，去吧，把书放下，在那个无底洞里挖一会儿。祝你玩得开心。

第二步，如果你还不是播客听众，是时候弄清楚如何去做了。一旦你弄明白了，我希望你查一下罗杰·惠特尼主持的《退休回答人》。然后搜寻一下他的往期节目，听听他2019年8月的所有节目。他花了整整一个月的时间和专家讨论"目标"的话题，以及如何将其应用于你的退休生活。我已经听过成千上万的播客，而这个系列是我听过的最好的播客之一。

第三步，你的作业需要进行一些额外的阅读。买一两本关于这个主题的书，订阅一些退休博客。既然你在退休后有很多时间，我希望你能够发现阅读的乐趣。

在整个过程中，我希望你花一些时间进行内省，思考你正在学习的内容。寻找机会在生活中运用学到的理念。开始写日记，写下那些触动你的事情。你需要你的日记来完成你的期末作业。

当你完成了上述步骤后，我建议你考虑写一篇1 000字的文章，讲述你学到了什么，你是如何在退休生活中应用所学的知识，以及结果如何。然后，你可以发邮件给我。到那时，你的作业就完成了，你也可以放暑假了。

假设你们中的一些人认真完成了家庭作业，你可以期待未来在"退休宣言"博客上看到由本书读者撰写的帖子。如果碰巧你是在我的博客上发表作品的读者之一，你就会知道你的作业得到了"A+"。

看起来，这是一个来给我的第一本书收尾的不错的方法。

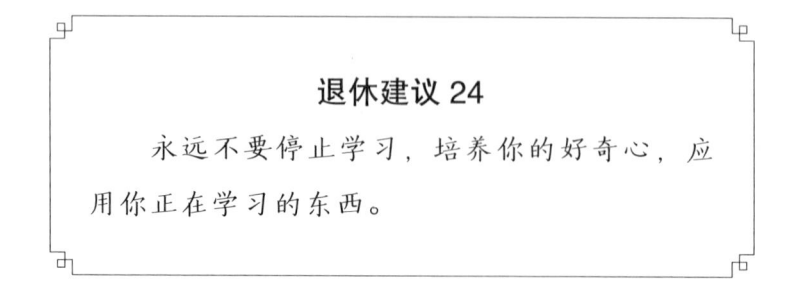

退休建议 24

永远不要停止学习，培养你的好奇心，应用你正在学习的东西。

我在过去几年学到的秘诀是，当你拥有积极的好奇心、探索的意愿、对改变保持开放的态度时，你才能过上最好的退休生

活。当你进入新的退休生活后，请不断寻找让你感兴趣的领域，并将你学到的东西运用到你的生活中。

找到一些你感兴趣的事情，让机缘巧合指引你前进的道路。追随并穷尽你的好奇心。

重复，重复，重复。

享受生活。

本书的关键要点

在这本书中,我为你提供了24个成功退休的建议。这些建议是我在自己从为企业工作33年的职业生涯转变到佐治亚州北部阿巴拉契亚山区的成功退休生活的过程中,逐渐发展和积累下来的。当我写下这些文字时,我没有办法知道这些建议是否适合你,但是我相信分享我自己的经验还是有一些价值的。

为了总结我在退休旅途中学到的东西,我在这里列出了24个建议。我鼓励你至少选择其中的5个,并开始将它们应用在你的生活中,我期待着它们能够对你的生活产生影响。谢谢你花时间读这本书,我衷心希望我的努力能够帮助你实现卓越的退休生活。

1. 为退休规划投入尽可能多的时间。
2. 专注于你希望拥有什么样的退休生活,并由此确定你必需的原料清单。
3. 花些时间思考退休所需的与金钱无关的原料,迟早,你会发现它们比金钱更宝贵。
4. 跟踪你退休前一年的实际支出,然后根据你的目标退休生活方式进行调整，以估算出明确的退休生活所必需的支出。

5. 在退休前建立相当于2~3年退休支出的现金储备。你将用这个现金池来营造你的退休"工资收入"。

6. 考虑建立一个"资金池"，你可以按照未来何时开始动用这些资金，将资金分别配置到三个池子中。

7. 如果你计划退休以后缩小住房面积或搬家，在你做出决定前，请在新的地区多生活一段时间。在你还工作时，就加入新的社区吧。

8. 做好规划，在你还未退休时就开始筹备打造理想退休生活所必需的所有重大支出。

9. 不要等到72岁最低取款要求生效时才开始管理你的税前退休储蓄。可以考虑通过支取税前的个人退休金账户的储蓄（增加应税收入），以足额使用每年边际税率的额度。

10. 在你快要退休的最后几周里，抽出时间向你工作期间的挚友道别。你们的关系在退休后将会发生变化。

11. 你的退休生活将随着时间的推移而变化。需要明白，最初的兴奋感会消退，你将过渡到适合你的长期的退休生活方式，请享受这一过程。

12. 请不要到退休了，却还没考虑它将如何影响你的人际关系。你和伴侣在一起的时间，从来没有像你们将在退休生活中的那样长，请为此做好准备。

13. 致力于拓展"退休关系"，最好是在你还在工作时就开始进行。

14. 一定要认识到退休生活给伴侣带来的变化与给离开职场的人带来的变化一样巨大。在退休前花时间交流一下你们共同的期望。

15. 在你还在工作的时候，尽可能多地花时间为退休做准备，它是造成成功和挣扎的区别的最重要的因素。

16. 如果你正在为向退休过渡而苦苦挣扎，不要犹豫去寻求帮助。有些人毕生致力于帮助他人，让他们来帮助你。

17. 永远不要停止学习。将科技视为个人成长的一种手段，并在退休岁月中寻找持续学习的机会。

18. 花时间安排好适当的法律保护措施，并抽时间与家人讨论你的遗嘱。

19. 与其琢磨如何寻找你的爱好，不如问问自己："我能用我的时间做哪些重要的事情？"把你的精力投入对你而言非常重要的事情上，才是你退休蛋糕上真正的糖霜。

20. 尽可能多地去尝试时，总会成功。

21. 努力为生活中所有的辐条去发展爱好。当所有的辐条长度相同时，车轮滚动得最好。

22. 把退休当作给你选择的车辆换上适合前方道路的新轮胎的时刻。

23. 如果有东西让你感兴趣，就去追求它。

24. 永远不要停止学习，培养你的好奇心，应用你正在学习的东西。

致谢

在我写博客"退休宣言"的日子里,我了解到写作必须是关于读者的。文字只有在被阅读并被应用到一个人的生活中时,才会产生影响,当你看到你所写的文字正在产生影响时,你会体会到写作的真正乐趣。因此,我首先要向读者致谢,你们对我所写文字的积极回应激励了我,帮助我把写作变成了一种爱好。感谢你们帮助我发现了这种爱好,这让我的退休生活比我想象的还要好。

其次,我相信当与你所爱的人分享时,生活会更美好。我有幸拥有一个相濡以沫的太太。在我33年的工作生涯中,杰姬一直陪伴着我,她给予我的支持无与伦比。一起分享我们梦想中的退休生活一直是让我幸福的秘诀之一,我无法想象没有她的生活。谢谢你的爱,杰姬。

同时,如果没有来自Rockridge出版和Callisto传媒的专业人士的帮助,这本书是不可能完成的。感谢乔,谢谢你找到我。感谢玛丽莎,谢谢你在我撰写本书时给予的积极鼓励和支持。感谢整个团队,谢谢你们在完成本书的过程中表现出的专业精神。

当你在退休生活中寻找爱好时，不要忽视生活中精神层面的事情，它们比地球上的任何东西都重要。末尾是一句激励我分享我的写作天赋的诗：

各人要照所得的恩赐互相服侍，做神百般恩赐的好管家。

——《彼得前书》第四章